대한민국 **최고의 아이들은**
# 어떻게 **공부**하는가

대한민국 **최고의** 아이들은
**어떻게 공부**하는가

**초판 1쇄** 인쇄 2024년 10월 25일
**초판 1쇄** 발행 2024년 11월 15일

**지은이** 조경호
**펴낸이** 서덕일
**펴낸곳** 오르비타

**출판등록** 2014.12.24 (제2014-73호)
**주소** 경기도 파주시 회동길 366 (10881)
**전화** (02)499-1281~2  **팩스** (02)499-1283
**전자우편** info@moonyelim.com
**홈페이지** www.moonyelim.com

**ISBN** 979-11-974330-8-5 (03370)
**값** 18,500원

# 대한민국 최고의 아이들은 어떻게 공부 하는가

외대부고 **산초티처**의
공부에 대한 시선

조경호 지음

오르비타

머리말

'이 책을 누가 찾아 읽을까?'

이 책을 읽는 여러분이 외대부고라는 이름 때문에 이 책을 읽는 것이 아니라 산초 선생의 글로 읽었으면 하는데, 대부분 아닐테니 조금은 아쉽습니다. 스스로 교육계에 오래 있어 풍부한 경험을 자화자찬하며 컨텐츠로 승부할 수 있다고 생각했고, 고대 로마 시인 오비디우스Publius Ovidius Naso 말을 빌려 '솜씨가 재료를 극복했다 *Materiam superabat opus*' 라고 생각하며 그동안 많은 책을 집필했습니다. 그래서 제 교사 경력만으로 학교의 이름 없이도 산초 선생이란 존재감을 드러내고 싶었습니다.

하지만 결국 외대부고라는 이름을 통해 저를 인식하고 인정해 주는 것 같아 약간의 아쉬움도 느끼게 됩니다. 외대부고 교사로서 저를 바라보는 시선이 강조되는 듯한 느낌이 들기 때문입니다.

대한민국 최고의 아이들은 어떻게 공부하는가

그럼에도 불구하고, 외대부고라는 이름 덕분에 제 자신이 더 자신감을 갖게 되는 모습을 보며 복잡한 감정을 느끼기도 합니다. 결국, 외대부고 교사라는 관점에서 글을 쓰고 살아가게 되면서, 외대부고의 이름에 의지해야만 주목을 받을 수 있다는 사실을 인정하게 됩니다.

"외대부고는 어떤 곳이에요? 이 책에서 외대부고의 이야기를 들을 수 있죠?"

이렇게 생각하며 이 책을 보시리라 생각합니다. 그런데, 외대부고의 엄청난 진학실적, 유명세, 학교의 우월한 시스템은 어떻게 만들어질까요?

경부고속도로 칠곡휴게소 화장실 벽면에 있던 글귀가 눈에 들어왔습니다.

작은 배역은 있어도 작은 배우는 없다

*Etsi est pars parva, tamen non est actor humilis*

학교는 모든 선생님, 모든 교직원, 학생들이 각자 자신의 일을 충실하게 노력하며 완성해 나갈 때, 그 빛을 발하는 것입니다. 모두가 각자의 업무Opus를 수행하며, 여러 업무가 화합을 이루며 한 편의 오페라Opera(opus어휘의 복수형태)가 된다는 것입니다. 맨 앞 교장선생님부터 보이지 않는 곳에서 최선의 노력을 다하는 수많은 선생님, 교직원, 조리사분까지가 바로 지금의 외대부고를 만들었을 것입니다.

대한민국 최고의 아이들은 어떻게 공부하는가

이 책은 산초선생이 외대부고의 조경호 선생에게 기대서만 쓰는 것이 아니라, 모든 선생님, 학생, 학교에 기대어 쓴 것입니다. 고마움을 모두 언급하며 쓰지 못한 미안함과 이 글이 나오기까지 도와준 많은 선생님과 학생들 모두가 이 책의 공저자임을 밝히며, 감사한 마음을 전합니다.

책이 나오기까지 물심양면으로 조언과 도움주시고 글에 참여해주신 8분의 선생님과 20명의 학생들, 우리 가족 그리고 출판사 관계자분께 감사드립니다.

마지막으로 이 책의 '최고'의 아이들은 학생으로서 도리를 잘했다는 의미임을 밝혀 둡니다.

# 교사 27년차 산초 선생의 고민

> 인생은 짧고, 의술은 길다
> 히포크라테스처럼 무언가 하나 만들어두면
> 후대에 좋은 결실이 맺어질 것이라 믿는다.

외대부고의 1기를 시작으로 이 곳의 삶이 어느 순간 20기가 지나 21기를 준비하고 있습니다. 아마도 다른 학교에는 교사가 한 보직에서 10년 넘게 자리를 지키고 있는 사례가 있는지 몰라도 외대부고에서 10년을 넘게 긴 시간 '학생 선발' 보직을 맡고 있는 것은 현재까지는 제가 유일합니다.

외대부고를 둘러싼 수많은 '카더라 통신'은 너무 추상적이고, 과장되어 왜곡된 정보로 신기루처럼 출처없이 떠돌아 다니는 것을 보면서 원론적인 답변으로만 이야기 했던 설명회와는 다르게 이야기를 풀어 나가도록 하겠습니다.

10년 넘게 입학설명회를 하면서, "외대부고는 어떻게 아이들을 선발하고, 경쟁력 있게 성장시키나요? 학교의 시스템이 남다른가봐요?" 라는 질문을 자주 접하게 됩니다.

　그때마다 "외대부고는 (　　　) 입니다."라고 확답하듯 말해준 적은 없습니다. 아마도 이 땅의 모든 선생님이 알고 있고, 쉽게 생각할 수 있는 답이 아닐까 싶습니다.

교육의 질은 교사의 질을 뛰어 넘을 수 없다.
*The quality of an education system cannot exceed*
*the quality of its teachers.*

　위 문장은 2007년 9월 맥킨지 보고서에서 발표했던,
　<세계 최고의 성과를 내는 학교 시스템이 어떻게 최고의 성과를 거두는가 How the world's best performing school systems come out on top>에서 언

급한 내용인데, 결국 교육을 통해 아이들을 성장시키는 것은 교직 만족도 높은 교사에게 달렸다는 점입니다. 이 사실은 모두가 아는데 밖에서 그 해답을 찾으니 답답할 뿐입니다.

서론에 거창하게 선생님 선발이나 전문성 유지를 위한 보수 교육, 그리고 수많은 교과와 특별프로그램을 진두지휘하는 전략전문가인 마냥 글을 쓰고 싶지만, 30년도 안 되는 경력으로 현실적 계산 논리를 따라잡기는 어려운 것 같습니다.

그래도 교육을 통해 아이들을 성장시키고 싶은 욕구와 자기 만족도 높은 교사 중 한 사람으로 우리 외대부고 학생들과 선생님들의 도움을 받아 볼품은 없어도 생명력 있고 가치 있게 평가되는 사막의 로뎀나무Broom Tree와 같이 허심탄회하게 말씀드리고자 합니다.

- 우리에게 주어진 고민은?
- 교육이라는 그 혼돈의 세계
- 대한민국 최고의 고등학교를 넘어

- 교사가 말하는 '진짜 공부'의 본질
- 변화하는 세계, 교사와 부모의 역할
- 어떤 아이가 최고의 학생일까?(인재, 명장)

외대부고에서 많은 아이들과 수업, 활동, 상담 등을 접점으로 아이들의 소중한 생각과 고민을 들어왔습니다.

결론을 정해놓고 아이들에게 강요하는 어른들의 경직된 사고가 낳은 아이들 고민을 바라보며, 저 또한 스스로 수십 번 고치고 고쳐 생각하고 있습니다. 기원전 85년에 태어난 고대 로마 시인 푸블릴리우스 시루스Publilius Syrus의 말을 마음 속에 되새기며, 27년 교육현장의 경험들을 소개해 보겠습니다.

변화될 수 없는 계획은 나쁜 것이다.

*Malum consilium quod mutari non potest.*

목 차

• **머리말**                                                    004
• **글 쓰는 마음**   교사 27년차 산초 선생의 고민             008


# I   우리에게 주어진 고민은?

아이의 불안감은 부모가 만든다.                              021
대한민국의 인재를 찾아 삼만리                                026
나는 교사, 부모로서 잘하고 있는가?                           035


# II   교육이라는 그 혼돈의 세계

선행학습을 범죄시 하는 세상                                  048
사교육 없이 정말 어려운 일인가?                              052
학교 줄 세우기 좋아하는 한국인이 바로 나!                    059
계단은 한 걸음씩 처음부터 탄탄하게                           069
가성비 높은 것에 투자한다                                    076

# III 대한민국 최고의 고등학교를 넘어

엄마께 대신 등교하시라고 해라!                              089

AI 교실과 디지털 교과서, 난 일단 반댈세!                    095

현실과 이상의 구별                                          104

그들은 언제 외대부고 진학을 꿈꾸는가?                        111

미래 교육의 패러다임, 확산적(Divergent)사고                  119

전통은 쉽게 만들어지지 않는다.                               127

형만 한 아우는 없다.                                        138

# IV 교사가 말하는 '진짜 공부'의 본질

바람직한 HAFS 학생의 모습                                   153

미래를 향한 교육의 방향                                      158

미래를 위한 진짜 공부                                        162

외대부고캠프, 그 시작의 힘                                   169

## V 변화된 세계, 교사와 부모의 역할

학생들에게 필요한 교사의 자질 179

아빠 산초가 바라보는 부모의 자세 184

외대부고 고3 담임이 본 학생들 189

아빠 산초의 임상 시험 194

산초의 딸이 아닌 나로 산다 213

## VI 어떤 아이가 최고의 학생일까?

HAFS 인재1  한계 안에서의 최선 224

HAFS 인재2  내 기억 속의 라틴어 수업 230

HAFS 인재3  내 삶의 청사진(Blueprint) 사회공헌캠프 멘토 봉사 236

HAFS 인재4  파란만장한 고등학교생활의 중심은 플래그풋볼 240

HAFS 인재5  고등학생 No! 이젠 난 벤처기업「Fence」대표 246

HAFS 인재6  힘들지만, 나 스스로 결정해야 해! 251

HAFS 인재7  자립의 시작은 외대부고 생활로부터 256

# VII  HAFS의 공부 명장

HAFS 명장 1   모든 현상의 이유를 설명해 주다니           266
HAFS 명장 2   자, 네 실력을 보여줘!                         270
HAFS 명장 3   사회 공부, 질문하고! 답하고! 외쳐라!         275
HAFS 명장 4   영어 글자에 집중하지 말고, 글 속의 내용에 집중하자.   281
HAFS 명장 5   스스로 결정하고, 꾸준함으로 승부한다.        286

• 마치는 글   선생님들이 말하는 최고의 학생              292

# 우리에게
# 주어진 고민은?

공부, Study의 어원은 라틴어의 열정(studium),
열정이 생기지 않는 것은 누구의 잘못인가?

대한민국 최고의 아이들은 어떻게 공부하는가

교사로서 가장 큰 고민은 '아이들에게 반응(=열의, 열정) 없음'을 느끼는 순간이 아닐까 싶습니다. 물론 매번 그 많은 수업할 때마다 아이들에게 초롱초롱한 눈빛의 만족감과 무엇을 얻는다는 말에 동의하기 어려운 선생님도 있을 수 있겠지만 '반응 없는 수업'이라 느낄 때는 정말 자책하게 됩니다. 반대로 많지는 않겠지만 수업이 끝났을 때, 때로는 아이들이 환호와 박수를 받는 경우에 교사로서 삶에 뜨거운 열정을 가지게 됩니다. 그래서 항상 아이들에게 전달하고픈 수업, 그것이 아이들에게 의미 있는 수업이 되도록 최선을 다하려고 합니다.

하지만 아이들에게 변방(?) 과목에 해당하는 스페인어와 교양으로 여겨지는 라틴어 수업을 하면서 어떤 의미를 전달할 수 있을까요. 때때로 국어, 영어, 수학 등 입시 과목을 열심히 공부해야 하는데 스페인어, 라틴어를 학생들에게 시간 투자하게 하면 오히려 항의하는 부모와 학생도 경험하기도 합니다.


한편으로 이 책을 접하는 독자 여러분이 외국어 선생님 역할로만 아이들을 지도하는 것을 고민하는 줄 알겠지만 결코 그렇지 않습니다. 이것은 대한민국 고등학교 선생님이라면 아마도 똑같이 고민하는 지점인 것입니다. 대부분 그렇겠지만 학교의 행정업무, 학생생활 및 진학 지도, 그리고 교과지도 이 3가지 영역의 업무를 공통적으로 대부분 가지고 있습니다. 그렇다고 앞에서 아이들의 반응에 수업에만 맞춰져 있는 것은 아닙니다. 학교 행정업무 그리고 학생생활 및 진학지도 또한 아이들의 '반응'과 절대로 따로 함께 움직입니다. 모두 아이들을 향한 우리 아이들을 위한 미션이기에 정말 중요하고, 교과 이외 부분도 소홀히 할 수 없는 부분입니다.

외대부고에서 오랜 시간 신입생을 선발하는 업무를 맡고 있으며 운 좋게도 항상 운 좋게도 교과 특성상 모든 학년에서 수업하고 국내, 해외대학을 준비하는 학생들을 모두 진학지도하고 있으니, 아마도 누구보다도 폭넓고 깊게 아이들의 고민을 알지 않을까 합니다. 그리고 부모입장으로도 아이를 3명이나 키우고 있으니, 학부모의 입장도 어느 정도 잘 이해하니 먼저 제 고민을 먼저 들어보시면 어떨까요.

진리는 너희를 자유롭게 하리라.

*Veritas vos liberabit.*

대한민국 최고의 아이들은 어떻게 공부하는가

# 아이의 불안감은 부모가 만든다.

1925년 노벨상 수상자 조지 버나드쇼 G. Bernard Shaw는 자신 작품을 이해하려면
"최소한 작품을 2회이상 읽고 사고방식에 익숙해지고 말하라" 했다.

"초등학생인데, 고등학교 수학을 풀 수 있어야 하고, 수능 영어를
풀어 몇 점 이상이 나와야 하며, 중학생에게 고등학교 과정을 끝내고
고등학교를 진학해야 된다고…"

먼저 부모들의 무모한 눈치게임에 아이들이 얼마나 잘 이겨내고
참아내고 있는지를 모르쇠하며, 그것을 견디는 아이를 우등생으로 착
각하며 부모 욕심을 억지로 밀어붙이는 것이 아닌지 묻고 싶습니다.
누구 집 애는 이것을 해서 공부를 잘하고, 누구는 그 학원에서 성적이
너무 많이 올랐다며 아이를 더 몰아세웁니다.

보통은 90%이상 엄마들이 말하는 엄마친구딸, 엄친친구아들 이야
기는 현실의 일반 학교에서는 한 명, 두 명에 해당 일인데, 도대체 이
런 말을 믿고 우리 아이도 해야 할까요?

이건 학원 관계자나 소위 '돼지엄마'로부터 시작한 이야기일 수 있

으나, 결국 수많은 부모들이 소문을 믿게 만든 '부모와 아이의 불안한 마음'에 있음에 분명합니다.

지난 10년간 입학 설명회 때마다 가장 많이 듣는 질문 두 개를 소개하자면,

첫 번째, 외대부고를 준비하려면 면접학원을 다녀야 하나요?
두 번째, 선행학습은 어디까지 해야 하는지 묻는 것이다.

"외대부고 준비를 왜! 학원에서 하시나요? 집에서 부모님과 해야 합니다!"

첫 번째 질문에 대답은 지금도 여전히 바꿀 생각은 전혀 없습니다. 아이들은 부모님과 평소에 대화도 없고, 부모님이 관심을 보이면,

"엄마는 말하면 알아?" "뭐 관심?"

정말 분노 유발하는 내 아이와 속 터지며 면접을 준비한다는 것은 정말 상상하기도 싫은 일은 당연합니다. 하지만 탭플릿Template(스토리 플롯, 특정 상황)을 기출 답안처럼 꾸며 뭐든 해줄 듯이 유혹하는 학원의 암기 패턴연습보다 생뚱 맞은 질문이라도 계속해서 의문을 가지고 물어 보는 부모님이 훨씬 효과적이라 생각합니다. 결국 아이들 기질과 성향, 성장을 지켜본 부모와 면접을 준비하는 것이 아이에게는 더 많

대한민국 최고의 아이들은 어떻게 공부하는가

은 발전이 있다는 것은 분명합니다.


두 번째 질문의 대답은,

"외대부고는 선행학습 금지법을 따르고 있는 학교입니다. 1학년 때는 1학년 과정, 2학년 땐 2학년 진도에 맞춰 시험을 내며, 상급 학년 내용을 출제하면, 위반 제재를 받습니다"

상급학년의 문제를 시험에 출제하게 되면 재시험을 보게 됩니다." 라고 말을 합니다."


그러나 아무리 이렇게 말해도 사교육관계자의 이야기에 믿음을 더 가지고 계신 부모님들은 의심을 거두지 못합니다.

"외대부고와 같은 학교에 진학하려면 고등학교 과정을 모두 마치고 가야 한다는데..."

의심 가득한 눈초리로 반복하여 되묻습니다. 그렇게 미리 고등학교 과정을 모두 마쳤으면, 바로 대학으로 가야지 고등학교에 왜 진학하는지 현장에 있는 저는 도무지 이해가 되지 않습니다. 아무리 강조해도 도통 말을 듣지 않는 것은 어쩌면 초등학교 때부터 몸에 배어 학원 안 다니면 안 된다는 불안함이 마음 깊이 자리를 잡은 것 같습니다. 입학 후에도 고집스레 학원을 다녔던 아이들의 지필고사(과거 중간, 기말고사)가 끝나고 하는 말은 대부분은 비슷합니다.


"아, 거의 도움이 안 됐습니다."

이유는 아주 간단합니다. 아주 활발한 어머니 단톡방(요즘은 아버지들도 많이 참여한다는 이야기를 듣고 있으면 신기할 뿐) 속에서 "누구 선생님이 좋다." "어떤 프로그램이 거기 학원에 개설되었다." "그 선생님이 기출문제를 다량 보유하고 있다." 등이 올라오면서 특정학원이 문전성시를 이루는 것은 학기 초에 아주 쉽게 보는 일입니다. 여기에 헛점이 굉장히 많은데 학교 시험은 특정 선생님의 수업내용 안에서 출제를 원칙으로 합니다. 그 특정 선생님도 매년 학년, 반, 과정, 타 학교 전출입 등의 변수까지 적용하고, 그 마저도 최근 몇 년 간 출제했던 내용과 유사 및 동일하게 출제하면 안 된다는 규칙까지 모두 고려한다면, 학원의 기출이 무슨 소용이 있을지 모르겠습니다.

방문을 열 때 마다 핸드폰을 보고 있는 아이모습에 속 터지며 실랑이를 반복합니다.

"넌 뭐가 되려고 핸드폰만 보니!"
"엄마는 왜, 내가 잠깐 쉬면서 핸드폰 할 때만 와서 뭐라 그래!"

학원 숙제 안 했다고 아이를 혼내고, 아이는 학원 숙제하느라 학교 수업이나 수행 평가를 뒷전으로 밀어 버리기도 합니다. 대부분은 부모의 짜 놓은 틀 속에서 규칙적으로 잘 생활하고, 아이가 슬기롭게 쉬면서 효율적인 생활을 할 수 있다고 착각하는 것이 분명합니다. 내 아이가 잘하는 것이 무엇인지 그리고 시간 가는지 모르게 즐길 수 있는 경험이나 기회와 시간을 주었는지, 혹은 아이 보는 곳에서 핸드폰 보며 '킥킥'되고 있는 것은 아닌지 뒤돌아 보길 바랍니다. 솔직히 저는 사교육 얘기만 나오면 과도하게 흥분한 나머지 글을 두서없이 쓰게 될까 걱정입니다.

과연 우리는 아이에게 스케줄을 완수하면 칭찬이 아니라 먼저 좋아하는 것을 자기주도적으로 제공하고 있었는지 진지하게 생각해 보길 바랍니다.

<hr>

자신의 잣대로 남을 판단하지 마라.

*Non alios suo modulo metiri.*

# 대한민국의 인재를 찾아 삼만리

실전으로 쌓여진 경험은
어떤 상황에서도 풀어놓을 수 있는 재산이 된다.

"외대부고는 어떤 인재를 선발하고 육성하나요?"

질문에 정답을 주고 싶지만 모범답안만 있을 뿐 정답은 없습니다. 외대부고 뿐 아니라, 모든 학교나 기업들은 그들이 원하는 인재를 찾습니다. 외대부고를 간절하게 오고 싶어하는 사람이라는 어떤 조건을 충족하고, 학생들이 자신을 어떤 모습으로 보여줘야 하는지 너무 친절하게 매년 온·오프라인 설명회를 개최합니다. 유튜브 검색창에 '용인외대부고 설명회'라고 검색하고 학교에서 소개하는 동영상을 한 번이라도 시청하시고 글을 계속해서 읽어 주길 바랍니다.

모든 기업이나 학교는 고유의 비전과 목표, 추구하는 방향이 분명히 존재하고 그것에 따라 인재를 선발하는 기준을 만듭니다. 그 기준으로 밝힌 내용을 이해하고 따라올 수 있는 사람을 선발하려고 하는데, 여기서 주의할 것은 절대로 자의적으로 해석하지 말고 우선 그 의도를 정확하게 파악하는 것이 첫 번째 관문입니다.

> **외대부고의 건학 이념 :** "인성, 창의성, 자율성을 겸비한 세계 시민 육성"

대부분 자사·특목고는 '건학 이념'에 맞춰 학교의 인재를 선발하고 육성하려고 합니다. 외대부고의 경우는 '한국외국어대학교' 부설인 만큼 외국어 교육을 중심으로 학교의 근간이 되었다고 봐도 되는데, 가끔은 이과 계열의 학생과 학부모가 "왜 그렇게 외국어 수업이 많은가요?" 물으면, 학교의 건학이념이 세계로 뻗어 나갈 수 있는 글로벌 인재 양성이 중심이라 말씀드립니다.

예를 들어, 신약을 개발하여 해외에서 발표하고 자신의 연구 실적을 외국어로 소개하는 이과 인재가 오히려 더 좋은 것이 아닌지 반문하기도 합니다. 하지만 그보다 더 주의 있게 살펴야 할 부분은 '세계 시민으로 육성'을 한다는 말 앞에 있는 '인성, 창의성, 자율성'입니다. 이 용어들은 자칫 자의해석되기 쉽습니다.

**'인성, 창의성, 자율성'으로 보여줄 수 있는 내용**

- 리더십을 가지고 있는가?
- 타인과의 협력이 가능한가?
- 자기주도 학습이 가능한가?

위처럼 소개를 하면, 의아해하는 분들이 많아 '인성 = 리더십, 타인과의 협력 = 창의성, 사기주도 = 사율성'으로 설명하는네 이세부터는 그럼 어떤 인재인지를 어떻게 판단하는지에 대한 기준을 설명합니다. 앞서 면접을 위해 학원가지 말고 부모님과 아이가 연습을 해야 된다고 설명회에서 말씀드리면, '자기소개서(이하, 자소서)'를 쓰는 것도 중요한데, 부모가 어떻게 하냐고 여기저기에서 불만이 터져나옵니다.

학원에서는 그런 부분을 파고들어 모든 것을 다해줄 듯 이야기합니다. 그러면 학원들은 과연 아이들의 자소서를 쓰는데, 얼마나 도움을 줄 수 있을까요? 학원은 문맥을 예쁘게 다듬어주는 역할 이외 혹시 경험 없는 스토리도 만들어 줄 수 있지 않을까 하는 기대하는 부모님이 있다면 정말 큰일 납니다.

일단, 경험한 것과 만들어진 대본을 구별하는 법은 꼬리 질문 두세 번 해보면, 어떻게 될지 상상해 보죠. 기업의 인사팀에서 수천 명을 면접을 본 인사담당자처럼 우리 입학부의 선생님들의 수준도 그에 못지 않습니다. 더구나 어른의 눈에 아이들 거짓말은 보통 다 보이기 마련입니다.

아이가 직접 경험을 했다면 준비부터 진행, 마무리까지 얼마나 자신을 보여주거나 증명하고 싶은 말이 넘쳐날까요? 반대로 경험하지 않았다면, 상황을 아무리 연습하여 실체가 있는 것처럼 만들어도 암기한 대본은 기호일 뿐, 꼬리 질문에 당황하는 경우가 너무 많습니다. 기업이든 학교든 어떤 인재를 정말 원하는 것인지 의자에 앉아서 펜

대한민국 최고의 아이들은 어떻게 공부하는가

으로 전쟁하는 것이 인재라면 그것은 결코 바람직하지 않습니다. 정말로 필요한 인재는 펜으로 구상한 것을 실제 적용하고 무수한 변수를 고민하고 직접 경험한 인재, 즉 '실전형 인재'가 우리가 찾는 인재입니다. 시간 제한 있는 면접에서 학교나 기업마다의 다양한 상황과 고유한 기준의 노하우가 있을 것이니 딱 정해진 하나의 속시원한 답을 제시하는 것은 불가능하지만, 나름 보편적인 것은 아마도 다음과 같은 사례일 것입니다.

여기 두 아이가 있습니다. 자신이 경험을 풀어내려고 하다가 시간이 모자를 지경으로 말하는 아이와 뭔가 뜸들이다가 암기한 것을 풀어내듯 말하는 아이 중 면접관은 누구의 손을 들어줄지는 뻔한 결과입니다. 만약 한번의 답변만을 듣고 평가한다면 후자가 멋지고 논리적으로 보여 유리할 수도 있겠지만, 면접 평가는 경험의 진위 파악과 논리적으로 더 설득하는지를 보는 것입니다.

예를 들어, '요리대회에 참가한 요리사'와 '목숨을 걸고 싸우는 검투사'가 있습니다. 일반적인 요리대회는 미리 만들 요리를 정하고 재료를 모두 준비해 놓고 하지만, 면접은 마치 <냉장고를 부탁해> TV프로그램처럼 주어진 상황에 따라 맛있게 만들어야 우승하는 것입니다.

그럼 검투장에서 무기마저 뺏긴 검투사가 자기 손에 맞는 무기, 자기가 이길 수 있는 상대만을 골라 시합을 할 수 있을까요? 생사에 앞에서 수많은 훈련과 경험을 했다면 어떻게 대처해야 산다는 것을 본능적으로 알고 재빠르게 사력을 다해 싸울 것입니다.

## 외대부고 면접실 풍경

외대부고 면접은 3명의 면접관(교내 면접관 2명, 교육청 위촉 파견 면접관 1명)으로 구성됩니다. 면접관 3명은 이과, 문과, 국제 성향을 모두 아우르는 인원으로 구성되며, 면접 질의 문항부터 면접 및 평가까지 처음부터 끝까지 함께 진행합니다. 학생은 논리적으로 자신의 주장에 대한 동기와 과정을 명확히 전달하고, 면접관의 질문에 자신의 직접적 또는 간접적 경험을 바탕으로 설득력 있게 답변할 수 있다면 좋은 평가를 받을 수 있습니다.

이 과정에서 가장 중요한 역량은 문제의 의도를 정확히 파악하고, 자신의 경험을 토대로 논리적으로 답변하여 면접관을 설득하는 능력입니다.

## 면접 문제의 구성과 유의사항

면접 문제는 지원자가 제출한 자기소개서와 최근 3년간의 학교생활기록부 내용을 기반으로 그 내용과 방식을 융합적용한지를 질의합니다. 이때 다음 사항을 반드시 유념해야 합니다.

대한민국 최고의 아이들은 어떻게 공부하는가

- 직접 활동 경험과 독서를 통한 간접 경험이 있는가?
- 나만의 개성과 차별점이 있는가?
- 논리적이며 면접관을 설득할 수 있는가?
- 본인이 관심 가졌던 사례를 바탕으로 융합적 사고(비교, 유사 사례, 우선순위, 반대 의견 등)가 가능한가?

이러한 능력을 발휘하려면, 일상에서도 엉뚱한 질문에 정확하게 답변할 수 있는 우문현답의 자세를 길러야 합니다. 이를 위해 주변 사람들과 자주 대화하고, 다양한 상황에서 명확하게 자신의 생각을 말하는 능력을 기르는 것이 중요합니다.

앞에서 융합적 사고 여기에서도 적용되는데, 토론을 통해 문제점을 도출하는 해결하는 연습이 되어 있는가를 파악하는데 있어 중요한 지점이기도 합니다.


## 면접 준비의 올바른 방식

일부 학원에서는 자기소개서와 생활기록부를 바탕으로 예상 문제 100개를 촘촘히 만들어 암기하고, 심지어는 동영상으로 촬영해 걸음걸이와 표정까지 연습하는 경우가 있다고 합니다.

면접실에 입장하면서 군인처럼 각 잡힌 자세로 "자리에 앉아도 되겠습니까?"라고 묻고, 문제를 읽은 후에는 "첫 번째 문제에 답변 드리겠습니다."라고 말하며 3명의 면접관과 차례로 눈을 맞추는 모습은 자칫 부자연스러울 수 있습니다.

또한, 문제를 보고 4~5초간 정적을 유지하거나 "잠시 생각할 시간을 주시겠습니까?"라며 30초 이상 고민하는 학생들도 있습니다. 때로는 미리 외운 답변을 너무 길게 암송하는 경우도 있으며, 면접 질문과 다른 동문서답을 하는 경우도 있는데 시간 내에 발언이니 제지하기 어려운 상황이 벌어지곤 합니다.

가장 중요한 것은 면접관은 실제로 행한 내용 보다 부풀려지거나 스스로 확대 해석하여 다른 방향으로 대답하지 않기를 바랍니다.


## 면접에서 진정으로 중요한 것

면접관들이 요구하는 것은 질문에 대한 본인 자신의 생각을 명확히 표현하는 것입니다. 대답 후 부족한 부분이 있으면 추가 질문을 통해 보완할 기회를 줍니다. 물론 면접의 추가질문을 포함하여 한 문제당 5분 내에서만 이루지기 때문에 시간을 잘 배분하는 것도 필요한 능력입니다. 한 장짜리 보고서로 만드는 것이 능력이 되는 것처럼 말이죠.

앞서 말한 요리사와 검투사 이야기처럼 면접은 늘 같은 재료와 조건에서 준비된 요리를 반복하는 것이 아니라, 예상치 못한 상황에서 새로운 재료로 요리하는 것과 같습니다. 평소에 다양한 재료로 요리를 연습해온 요리사는 예상치 못한 상황에서도 큰 어려움 없이 요리를 완성할 수 있습니다. 검투사는 늘 같은 상대와 정해진 환경에서 싸우는 것이 아니라, 예상치 못한 무기와 새로운 환경, 전혀 다른 상대와 맞닥뜨리면, 그동안의 경험이 생사를 좌우할 수 있듯이 말입니다.

갑작스럽게 준비하는 면접에 대한 긴장감은 부담으로만 가중될 것입니다. 면접 훈련은 평소에 생활하면서 충분히 연습할 수 있습니다. 지금 학생이 자신이 하는 과제들을 모두 면접으로만 생각하고 연습하라는 것이 아닙니다. 학생 자신이 현재하고 있는 단순히 생활기록부를 채움이 아닌 활동에 대한 분명한 의식을 가지고 수행하며 피드백을 해나가고 있다면, 충분히 면접 훈련이 될 수 있습니다.

결국 자신이 주도적인 인간으로 살고 있다면 면접 준비는 평소에 훈련하고 있는 것입니다. 평소에도 부모님이 학생의 활동에 대해 관심을 갖고 어른의 눈높이에서 묻고 이야기를 들어주는 것으로도 아이들의 스스로 생각해보는 훈련이 될 것입니다.

일반적으로 흔히 면접장에서 보는 면접자의 자세, 복장, 몸동작, 얼굴 표정 등 비언어적 표현보다 논리적이고 설득력 있게 전달하려는 노력과 열정이 중요한 평가 기준임을 거듭 강조합니다. 주도적으로 스스로 구상하고 다른 사람들과 함께 집단지성을 기르고 타인을 설득하고 양보하고 협동을 하며 정말 내가 좋아서 시간이 가는지 모르고 빠져든 일이 있던 사례를 제시하고, 진정성 있게 진짜 인재라는 것을 드러낼 수 있다면 준비는 끝났다고 볼 수 있습니다.

검투사는 검투장 위에서 전략을 얻게 된다.

*Gladiator in arena consilium capit.*

대한민국 최고의 아이들은 어떻게 공부하는가

# 나는 교사, 부모로서 잘하고 있는가?

피그말리온이 자신의 조각상 갈라테아를 향해
사랑과 정성을 쏟은 것처럼 나도 그렇게 했는지

오늘도 마이크를 잡고 열심히 강조합니다.

"아이를 인재로 키우며, 좋은 학교로 진학을 염두하고 있다면, 우선 5가지를 하세요!"

**우리 아이가 꼭 해야 할 5가지**

• GPA (학교 내신)

• Leadership (리더십, 활동의 기여도)

• Particular Talent (특징적 심화활동)

• Volunteer Activity (봉사활동)

• Reading + Writing + Debating (독서 + 글쓰기 + 토론)

재빠르게 움직이는 사교육 시장, 공교육의 최전선에 있는 제가 사교육에 대해 흥분하는 것은 당연한 일이지만 부모의 경제적 측면에서도 좋은 선택은 아닙니다. 위 선제 조건은 무엇보다 학생 본인이 관심 가지고 즐길 수 있어야 하는 것입니다.

학교에서 신입생을 받아 3년간 온갖 정성을 다해 졸업시키고 있는데, 밖에서는 가볍게 듣는 소문으로만 판단하고 말하는 것을 들으면 화가 날 때도 있습니다. 밖에서 멀리 바라보는 학교는 얼마나 평화롭고 부러움의 대상인지 우선 입학만 하면 국내외 명문대에 합격이 보장되는 줄 압니다. 잘 닦인 아스팔트 도로에 추월하는 차도 없고 과속 단속 카메라도 없는 아우토반처럼 달릴 수 있다고 대단한 착각을 하는데 완전 잘못 보셨습니다.


위의 5가지 신선한 요리재료를 밑바탕으로 3년간 새로운 특별 요리를 만들기 위해 정말 각고의 노력이 필요하고, 자신의 미래를 위해 노력하는 아이들을 보면 눈물 없이 볼 수 없는 신파극이 따로 없습니다. 그 신선한 요리 재료에 대한 평가는 우리 외대부고 입학할 때만 해당하는 것이 아니라, 모든 선발학교를 준비하는 학생이라면 필수 요건에 해당할 것입니다. GPA(내신성적)는 그 학생의 학교생활 성실도를 반영하고, Leadership(리더십, 활동의 기여도)은 소통 역량의 기본인 참여와 대화를 적극적으로 할 수 있는 설득적인 사람인 것을 보여주고, Particular Talent(특징적 심화활동)은 자기만의 색을 가진 특별한 재능을 통해서 드러낼 것입니다. 사람을 위할 줄 아는 진짜 인재로 성장하기 위한 밑거름인 Volunteer Activity(봉사활동)은 자신을 나타내어 다른 사람의 소리를 경청하는 것이고, 간접적 학문의 자세를 키울 수 있는 Reading + Writing + Debating(독서 + 글쓰기 + 토론) 능력은 설명하지 않아도 고개를 끄덕거릴 수 있는 필수 재료임은 분명합니다.


## 직업인 선생님 vs. 천직 선생님

'받은 만큼만 일한다'
'똑같이 받는 돈을 받는데, 굳이 왜 고생을 해'


직장인 사이에서 무심코 하는 우스갯소리 같지만 거의 모든 교사들은 '선생님'이란 이름으로 교직을 처음 시작할 때에는 저런 소리를 신경 쓰지 않고, '사명감'과 '교사의 본분'을 깊숙히 간직하며, 본디 선생님의 자세를 실천하려 애씁니다. 저는 어쩌다 직업인 선생님 평가 받는 분들을 애써 모른 척 하기도 합니다. 그들을 비난하겠다는 것이 아니라, 최소한 나는 직업인처럼 되지는 말아야겠다는 것입니다.

목수의 망치와 판사의 망치의 가치를 똑같이 평가하거나 학원 선생님과 학교 선생님의 가르침을 돈 벌이 수준으로 비교 평가하는 것은 기분 나쁜 것이 사실입니다. 직업의 귀천을 말하는 것이 아닙니다. 판사의 판결봉이 한 사람의 인생을 바꿀 수 있는 것처럼 우리 선생님이 아이들의 인생을 변화시킬 수 있다는 직업적 소명을 말하고 싶습니다. 천직이 선생이라고 느끼고 자기 만족도 높은 교사라도 아이들

반응이 점점 식어갈 때 초심도 사라지며, 그 노력과 열정마저 없어진다면 징밀로 직입인이 되있다고 봅니다.

저의 교과가 주요과목이 아니니 아이들에게 필요성에 대해 논쟁한다는 것은 결국 대학입시로만 평가하는 것입니다. 외대부고 입시를 준비하는 부모님에게 입학 후에 잘 생활하고 즐거울 수 있는지 강조하는 것처럼, 시험 점수 높이기 위해 필요성을 논하기 전에 20살 이후에 삶에서도 행복하고 즐거울 수 있는지 필요한 기본 능력으로 교육하고 느낄 수 있도록 그것에 맞춰 참여 수업을 만드는 것은 무엇보다도 중요할 것입니다. 그러면 선생으로서 사고의 유연성, 의견 제시와 협의 방식, 한정된 범위 안에서 효율적 글쓰기, 꿈을 키워 갈 수 있는 모의 활동, 자신이 소속되어 있는 지자체나 가족에게 공헌할 수 있는 품성 배양 등 앞선 필수기반 능력을 키워주도록 해야 합니다. 그러나 현실은 녹록치 않습니다.

입시 필수교과에 쏟아부을 시간도 부족합니다. 책을 읽고 토론하고 교과와 연계하고 만드는 시간과 노력이 많이 필요합니다. 활동이나 대회에 참여하는 것이 생활기록부에 쓰여지는 여부에 따라 대입과 맞춰 중요도를 평가하는 시선이 너무 많이 존재합니다. 봉사를 위해 봉사하는 것이 아니고 대입과 연계해 참여 결정하는 풍토가 존재하죠. 위 모든 사항에 교사의 동반 참여는 그야말로 열정페이도 아니고, 그냥 효율 떨어지는 '열정'으로만 평가되어 인정 받지도 못하니 고생의 길로 가려는 선생님은 점점 줄어 보기가 힘들어질 지경입니다.

쉽지 않은 수많은 이유 중에 몇 가지이지만, 아직은 그래도 열정이

대한민국 최고의 아이들은 어떻게 공부하는가

남아 있기에 위 내용을 모두 헤쳐 나가고 있습니다. 앞서 말한 우리 아이가 꼭 해야 할 5가지는 대학 입학 후에도 우리가 살아가는 동안에도 사고의 폭을 넓혀주고 유연성을 기를 수 있어 소홀히 해서는 안 되는 기초체력 운동으로 그 역할을 톡톡히 합니다. 그래서 인정받지 못하고 가끔은 주요과목에 가려져 홀대 받아도 아이들에게 인문학이 무엇인지 몸소 느끼게 해주는 일이 선생님으로 가야 할 길이라 믿기에 그 굳은 마음은 변하지 않으려 합니다.

## 현실의 아빠 vs. 비현실적 아빠

"선생님은 매번 이렇게 특강이나 설명회를 하시는 것을 보니 정말 교육철학이 흔들리지 않고 좋은 부모로서 자녀를 키우고 계실 것 같아요."

이런 말을 들을 때마다 자신을 뒤돌아보고 주위를 살피고자 하지만 저 역시 현실 아빠가 아닐까 싶습니다. 뿐만 아니라 공교육 선생님, 아니 정치가, 철학자 할 것 없이 인터넷을 뜨겁게 달구는 한 마디가 있습니다.

내로남불.

유독 이런 말을 많이 듣는 경우가 가족과 연관된 일이 많습니다. 그렇게 사교육을 욕해도 학원 제일 열심히 보내는 분들이 학교 선생님, 자사고와 특목고를 그리 저평가했던 정치인. 물론 모두가 그렇다 것은 아니지만 많은 선생님, 정치인, 철학자도 그러함은 분명합니다.

　여기서 나른 사람 이야기하시 발ュ, "산초 선생! 당신 말야. 당신은 어떻게 아이들을 대하고 교육하려고 하는데?"라고 물으신다면 아마도 학부모님 앞에서 늘어 놓은 말이 너무 많아 지키려고 하는 날이 많았으리라 생각합니다. 삶은 비현실적이지만 이상적인 교육자를 지향하는 아빠처럼 살아가려고 합니다.

최적이라는 것은 극히 희박한 것이다.

*Optimum quidque rarissimum est.*

# 교육이라는
# 그 혼돈의 세계

숙제는 ChatGPT를 사용하고,
발표문안은 Google을 이용한다.
도대체 자신에게는 뭐가 남아있지?

　　　　　　대한민국 최고의 아이들은 어떻게 공부하는가

세상은 무섭도록 빨리 변합니다.

상용 컴퓨터가 출시된 지 반세기가 되지 않았는데, 이제는 그림, 글도 대신 창작하는 세상이 되었습니다. 아이들은 시험 준비마저 수업도 들어본 적 없는 학원이 정리해준 것을 받아 암기하며 시험 준비합니다.

수업시간에 간단한 책을 읽고 생각을 발표하자고 하면 그 읽는 시간이 아까워 ChatGPT에게 내용의 중요점을 물어보고, 요약해 준 것을 죄책감 없이 보고 말합니다. 그렇게 말한 이유를 물어보면 새치 혀로 둥글게 둥글게 그럴싸하게 말을 쏟아내지만, 정작 본인은 느낀 것은 없어 보입니다. 이러다가 상급 학교도 사람 대신 ChatGPT가 사람을 홀로그램으로 만들어 진학하게 생겼습니다. AI가 나오고, 세상이 변화해 나가기 때문에 메타인지가 중요한지는 모두 알고 있습니다. 그런데 각각의 기본 인지 지점을 모르고 메타인지를 논할 수 있을까요?

요즘은 구구단을 강제로 암기시키는 것이 잘못이라고 말하지만, 그 기본적인 개념을 인지하면서 암기를 한다면 금상첨화일 것입니다. 문제는 그 개념을 전혀 알지 못하며 암기만 하는 그 자체가 끔찍합니다.

온갖 사교육, 난립한 AI 시스템, 괜히 멋져 보이는 IB*교육이나 WASC**교육이 있다해도 정작 공부를 해야 하는 주체는 학생이고, 그 아이가 누워있거나 포기하지 않게 현장에서 잘 이끌어 가도록 수많은 전술을 가동하는 것은 교실 현장에 있는 교사일 것입니다.

우리나라 상황에서 어려운 교육시스템인지 알지만, 핀란드의 '단 한 명도 포기하지 않는 교육'이란 슬로건은 진정 우리가 모두 바라는 교육의 지향점이 아닐까요?

그런데 핀란드 시스템이 우수하기도 하겠지만, 그 속에서 아이들을 바라보며 희생하는 선생님들의 노고가 그 시스템의 90% 이상이라는 점은 교육현장에 있다면 누구나 알 수 있을 것입니다.

당연한 말이지만 새로운 분야를 열어갈 인재를 선발하여 학생 스스로 계발하고 자신이 하고 있는 행동이 무엇인지 그 중심에 자신이

---

\* International Baccalaureate은 스위스 비영리 교육단체에서 출발한 역량중심 초중등 교육과정을 의미함. 유럽 국가 중심으로 운영되던 교사주도 교육시스템이 세계적으로 확산되어 운영되고 있음.

\*\* Western Association of Schools and Colleges 미국 중고등학교 6개 교육시스템 중 한국 국제학교에서 가장 많이 인증을 받은 '미국 서부지역 인증'시스템임.

　　　　　　대한민국 최고의 아이들은 어떻게 공부하는가

있다는 것을 깨닫도록 눈높이를 맞춰주는 선생님의 교육이 중요하지 않을까요!

배우든지 아니면 떠나라.

*Disce aut discede.*

# 선행학습을 범죄시 하는 세상

고대 로마시대에도 개인의 취향은 존중했다.
내가 정말 좋아서 궁금한 것을 탐구하고 연구하는데, 누가 뭐라하랴!

'외대부고를 입학해서 학교생활을 잘 하려면, 미리 고등학교 과정을 끝내려는 마음을 먹어야 한다.' 라는 괴상한 소문을 흔하게 듣습니다. 그래도 정말 선행학습을 하고자 하는 학부모님께 한 학기, 빨라도 1년 정도의 공부를 먼저해보는 것을 말하지만 가급적 상급 학년의 공부를 하기보다는 동급 수준 진도에서 가장 어렵다고 느껴지는 '심화학습'하는 것을 권장하고 있습니다. 그런데 진정 선행학습을 공부하는 것이 잘못일까요?

외국어를 가르치는 선생님 입장에서 만약 고 1학년 과정에서 알아야 하는 문법수준과 어휘수준에 맞춰서 말을 하고, 관심분야를 표현하고 어휘 수를 더 넓히고 글쓰기 위한 문장을 만들기 위해 어려운 문법을 적용하려는 것을 단죄하면서,

"너는 이 정도만 말하고, 표현은 그 정도로만 하는 것이 고1 과정이란 말이야!"

누가 봐도 정신나간 사람 취급할 것입니다. 본인이 말하고 싶고, 표현하기 위해서 수준을 높이려고 스스로 노력하는데도 말입니다. 위와 마찬가지로 과학의 원리를 이해하기 위해 고등학교에서 다루지 않는 이론을 찾아보고 이해하려고 노력하는 것마저 '선행학습'이란 부정적 용어로 인식하는 것은 아닌지 염려스럽기도 합니다.

만약 알고 싶어 탐구하고 알려고 하는 자세를 가지고 있는 아이라면, 그때는 선행학습이라는 이름보다는 '심화학습' 혹은 '탐구학습' 정도로 보면 됩니다. 선행학습의 긍정적 방향 접근, 즉 심화 및 탐구 학습으로 간다는 것은 외적동기(부모의 권유)에 의해 시작을 하게 되지만 칭찬이나 보상, 때로는 혼나기도 하면서 극복하고 결국 내적동기(학생의 즐거움)로 이어지면 그때부터는 스스로 더 노력하고 자신의 길을 개척해 나가려 할 것입니다.

외대부고를 희망하는 많은 부모들이 어릴 때부터 아이의 동기부여를 위해 많은 경험과 수련을 하며, 잠재력을 파악하려는 외적동기부여를 통해 내적동기가 생기도록 하는 것을 장려합니다. 그러나 이러한 노력을 통상적으로 초등학교에 결론을 내리고 중학교부터는 학원으로 내달리는 경우가 많습니다. 좀 더 교육열이 높은 곳으로 가면 초등학교 고학년부터 학원 '뺑뺑이'를 돌리는 경우가 많은데 과연 이러한 것이 내적 동기부여로 이어질 수 있을지 고민해야 합니다.

내적동기가 없이 자신의 방향성을 잡지 못한 상태에서 계속해서 주입받고 앞으로 나가게 한다면, '이것을 공부하니 저것을 더 알고 싶다!'가 아니라 기계적으로 진도에 맞게 문제 풀기를 반복할 뿐입니다. 내적동기에 의한 자기 주도 공부가 아니라 외적 강요에 의한 진도 나가기만 급급하기 때문에 이러한 것은 절대 안 된다는 것입니다.

　한마디로 아이들은 외적 동기와 내적 동기가 한 가지로의 에너지로 학업에 몰두하고 잘 유지되는 경우는 결코 없으니 두 가지 동기가 적절해야 효과를 볼 수 있다는 것입니다. 그래도 너가 해야 하는 것과 너가 좋아하는 것을 선별하여 그 기준을 설정하고 아이에게 권하고 물어야 합니다. 더불어 앞에서 말한 '선행학습 금지법'이 설정한 부분이 있다고 한다면, 최소한 해야 하는 것을 정하여 진도만 맞출 것이 아니라 그 이상 심도 있는 응용 과제를 얼마나 잘할 수 있는지 같이 들여다 보는 것은 매우 중요합니다.

　더불어 아이가 좋아하는 것이 있다면, 하고 싶은 공부와 탐구를 마음껏 하도록 내버려두고 도움을 요청한다면 그만큼까지만 도와준다면 긍정적 측면의 선행학습이 될 것입니다. 다만 싫어하고 못하기까지 하는데 계속 강요하여 외적동기로 포장하고 주입까지 한다면 요즘 초등학생이 툭하면 잘하는 말로 "아동 학대로 신고할 거예요!" 말을 들어도 쌉니다.

취향과 색깔에 대해서는 논쟁할 필요가 없다.

*De gustibus et coloribus non est disputandum.*

# 사교육 없이 정말 어려운 일인가?

작은 것에 집착하다가,
큰 것을 잃는 우를 범하지 말아야하는데…

학원 다니는 아이들에게 "왜 학원을 다니니?"라고 물어보면, "안 다니면 불안하기도 하고, 정리를 다 해줘서 시간을 효율적으로 사용할 수 있어요."라고 말합니다. 가장 큰 이유는 남들이 하니 안 하면 '불안감'이 발동하는 것이 가장 큰 이유겠지요.

해보지 않은 일을 하려고 할 때, 아이들이 갖는 긴장감은 부정적 측면인데, 반대로 '자신감'이 넘치는 학생들에게는 '긴장되는 도전'이라는 생각으로 접근하면 오히려 연습 때보다 더 좋은 결과를 본선경기에서 내는 경우를 종종 봅니다.

그럼 정말 어떻게 해야 학원 없이도 자신감을 갖고 긴장 상태의 즐거움을 가질 수 있을까요?

외대부고와 같은 자사·특목고에 진학하려고 마음먹었다면 상위 10%이내에는 충분히 들어갈 수 있다는 자신감은 장착되어 있고, 내신을 열심히 하는 성실성도 있을 것입니다. 더불어 마음에는 항상 더 높은 곳에 자신의 꿈을 이루기 위해 마음 속에는 정시를 품고 사는 자존감 강한 학생이기도 합니다.

우선 학교를 선택할 때, 목표점을 어디에 두어야 할지에 차이가 있습니다. 한국과 미국 학부모의 가상 대화를 보면 잘 알 수 있습니다. 만약 진학지도 카운슬러가 "쉽지는 않지만 우리 학생은 하버드대학교에 정말 잘하면 합격할 수도 있을 것 같습니다." 라고 말한다면 두 나라의 학부모는 아마 아래와 같은 반응일 겁니다.

**한국 학부모 입장**
"정말요? 우선 합격만 하면 돼요! 어떻게든 입학하면 가서도 잘할 거에요. 꼭 좀 잘 부탁드려요!"

**미국 학부모 입장**
"우리 아이가 어렵게 입학한다면 학교 생활도 쉽지 않을 것 같은데 본인이 학교에서 자신감을 갖고 즐겁게 생활할 수 있는 학교로 다시 추천해 주세요!"

위 가상의 답변을 보면 어떠신가요?

아마도 한국 부모와 미국 부모의 관점에서 느껴지는 차이를 알겠지만, 많은 진학상담을 하고 있는 입장에서도 입학보다는 학교생활을 잘 할 수 있는 곳을 선택하는 것이 더 옳다고 강조합니다.

우리는 살아가면서 주변으로부터 의도치 않게 흘러 듣는 정보가 굉장히 많습니다. 신문을 뒤적거리며 TV 채널을 돌리며 세상 돌아가는 여러 분야의 주요 사건을 인지하기도 합니다. 사전을 뒤적거리며 입과 눈으로 말하면서 색인하고, 하나의 단어만 찾으려고 했으나 위 아래로 의도치 않게 보이는 유사 어휘가 눈에 들어옵니다. 확실히 의도하지 않았지만 얻어지는 지식, 유사 또는 연계 지식이 되기 때문에 그것을 시간 낭비로 치부한다면 정말 많은 것을 놓칠 수 있을 것입니다.

외국어 선생님 입장에서 ChatGPT와 같은 AI가 해석을 척척 해주고, 단어 또한 손가락을 쓸 필요도 없이 전자책이나 PDF 자료 글자에 마우스 커서 아이콘만 가져대면 해석과 의미를 척척 알려주는 현실이 정말 안타깝습니다. 편리하다 못해 공부의 필요성을 찾기도 어렵습니다.

제가 여기서 말하려는 것은 그 학습 과정에 시간 투여하는 것을 아까워할 것이 아니라 넓고 크게 조금은 멀리 달릴 수 있는 자신감이 필요하다는 것입니다. 그리고 순간마다 결과에 일희일비 매달리지 말고, 그 결과가 나오기까지의 과정을 인지함으로써 메타인지*를 통해 스스로 공부의 그림을 그려 나가야 한다는 것입니다.

그런데 이런 중요한 것을 놓치게 하는 것이 학원이라는 것을 알고 있을까요? 학원은 식사로 비유하면 밥을 짓거나 차리거나 찬거리를

---

* 자신의 생각을 판단하는 능력'이다. 이것이 학습 측면에서는 자신이 아는 것과 알지 못하는 것을 구분하는 능력. Metacognition(메타인지)는 아이들의 발달 연구 (Baker & Brown, 1984; J. H. Flavell, 1985)를 통해 나온 개념.

걱정하게 하는 것이 아니라 다 된 밥을 먹으라고 떠 먹여주기까지 하는 것이 주요 역할이라 생각하는 듯 합니다.

결국 본질에 관심에 두지 않고 문제만 풀고, 정답만 잡아낼 수 있도록 무한 반복 훈련하는 곳입니다. 이렇게 말하는 것에 대해 반문하면서, "그럼 왜? 아이들이 재수, 삼수하면서 학원 다니고 고득점을 받고 좋은 대학에 가는 것은 어떻게 설명할 거냐?"라고 대번에 화를 버럭 내는 분이 있을 것입니다. 그럼 진짜 재수, 삼수하면 모두 고득점 받고 원하는 대학을 갔는지 꼭 묻고 싶습니다.


모두라고 말할 수 없지만 특정 학교를 전담해서 운영하는 대부분의 학원들은 학생들에게 최선의 서비스를 다합니다. 예상문제를 만들고 단어 정리, 영어를 공부할 때는 지문에 빈 칸까지 뚫어주면서 아이들에게 밥을 떠먹여주며 시간을 아낄 수 있게 해준다고 합니다. 물고기 잡는 법이 아니라 '잡아둔 물고기를 먹는 방식'만을 알려주는 꼴입니다. 대부분의 아이들이 고등학교에 입학해서 학원들의 무시무시한 광고에 불안함이 해소되리라 생각하고 몰려듭니다.

학원은 학교에 대해 연구를 너무 오래했으니 선생님 출제 스타일, 기출문제를 다 꿰찼다며 걱정하지 말라고 하며 돼지엄마를 통해 바이럴 마케팅을 끊임없이 시도합니다. 1학년 1차 지필, 2차 지필… 2학기, 2학년을 보내면서 점점 불안감은 좌절로 바뀌는 순간을 맞이하게 되는 어쩌면 완벽할 정도의 피해예상 답변이 눈에 보입니다.

"어!? 전교 1, 2등이 저 수업을 듣고 시험성적이 좋다는데, 나는 왜 안되지?"

　내신 공부는 자신의 방법과 수업시간에 잘해서 받은 싱직일 뿐이며, 좋은 자료의 정리 수준차이라면 그 순간의 수업에 참여해 직관한 학생의 이해도와 집중력 차이일 뿐입니다. 학교 수업을 직관도 하지 않은 학원에서 아이들이 가지고 오는 자료들로 정리만 한 것이 정말 효과가 있을지 의문입니다. 학교에서는 매번 학기별로 학년별로 바뀌는 선생님, 선행학습 금지법, 기존 시험에 대한 출제 유의사항 등의 지침*이 아래와 같이 존재합니다.

- 시판되는 참고서의 문제를 전재하거나 일부 변경하여 출제하는 것 금지.
- 전년도 혹은 이전에 출제된 문제를 그대로 재출제 하는 것 금지.
- 수업 중에 가르치지 않은 내용에 대한 문항을 출제하지 않도록 주의.

　이렇게 말해줘도 아마 당사자인 학교나 담당 선생님에게 묻기 이전에 학원에 가서 물어볼 것입니다. 학교에서 이렇다는데 학원이 해주는 것이 잘못된 것이 맞는지…

　"외대부고는 이런 방식으로 학생을 선발합니다" 말해도 사교육업체 말을 들어야 되고 그들의 방식대로 해서라도 합격을 했다면, 그 학생 개인의 실력이 그 학생 자신을 살린 것이라고 확실하게 말해주고 싶습니다.

---

* '2024학년도 중등 학업성적 관리 업무 길라잡이' 발췌.

대한민국 최고의 아이들은 어떻게 공부하는가

학교의 출제 방식, 직관한 아이의 느낌과 다르게 사교육 측에서 '학교가 숨기고 있다'는 식으로 말하고, 학교가 말하지 않은 비밀을 자기만이 알고 있어서 다 해줄 수 있다고 말한다면 그 말에 또 부모님이나 학생들 대부분은 반복해서 믿습니다. '불안감 → 학원의 믿음 → 기존 방식 유지' 사이클은 개미지옥처럼 계속될 것이라 확신합니다.

사교육시장을 모두 매도하는 것처럼 흑백논리로 말하는 것이 아닙니다. '내가 다 해 줄테니 나만 믿으라'라고 전지전능한 것처럼 말하며 '불안감 조성'을 일 삼는 학원 담당자들을 말하는 것이죠.

다음의 말이나 행동을 하는 곳은 일단 의심해 보길 부탁드립니다.

(1) 우리가 ○○학교, △△과목 100%분석, 100% 적중률
(2) 우리가 ○○학교 전교 1, 2, 3등을 모두 보유
(3) 점수 96점 받은 학생에게 100점 못 받으면 해당 대학 또는 고등학교 진학이 어려움.
(4) 정리해준 것만 보면 되니 시험기간에도 학원에서 시험대비
(5) (시험 끝나고) 이번에 학교가 작정하고 문제를 꼬아내서, 학원의 대비가 부족했다. 이번 기회를 통해 스타일을 확인했으니 다음시험은 걱정마라.

당장은 누군가 차려준 밥상만 받으면, 모든 것이 다 될 것 같은 느낌은 받겠지만 어느 순간 밥을 차려야 할 순간이 본인에게 옵니다. 우

리는 살면서 경험했습니다. 세상에 공짜 점심은 없다는 것을… 운이 없었다고 시산이 모사란나고 효율 싸움에서 졌다고 계속 한탄하면서 불만을 가지면, 그 모습을 바라보는 부모가 순순히 받아들이겠습니까?

먼 미래까지 넓혀 생각하는 부모라면 살아온 세월에서 경험했듯이, 스스로 해내는 능력이 수학, 영어 몇 점 보다 더 한 역량으로 바뀐다는 것을 말해줄 수 있어야 합니다. 학원을 못 다녀서 성적이 안 좋은 것이 아니라 학원 다니는 애들과 자신과 그 차이를 시간과 노력 투자로 뒤집을 수 있는 능력, 절차적인 학교생활 과정을 적극적으로 만들어 나가며 메타인지를 갖춘 미래형 인재가 될 수 있습니다.

제발 우리 아이들이 순간의 실패에 대해 핑계를 대면서 출구전략을 머리 속으로 그리지 말았으면 좋겠습니다. 물론, 앞서 이 모든 것은 최선을 다해 열심히 살았던 사람들의 기준으로 말하는 것이니 노력조차 해본 적이 없는 이들에게는 해당사항이 없음을 밝혀 둡니다.

병을 치료하기보다 사람을 치료하라.
*Hominem non morbum cura.*

# 학교 줄 세우기 좋아하는
# 한국인이 바로 나!

서연고서성한중경외시,
아부라카타부라…

우리는 무엇이든 순위를 매기는 것에 너무 익숙합니다. 인터넷 기사에서도 유튜브에서도 '서울대를 가장 많이 보낸 고등학교 순위', '미국대학 QS Ranking', '삼성에 가장 많이 보낸 대학 순위', '서울대 로스쿨에 가장 많이 합격을 낸 대학교', '의대를 많이 보낸 고등학교', '해외대학을 많이 보낸 고등학교' 등 어떤 유튜브는 아예 닥치는 대로 순위만 열거해주는 채널이 있을 지경입니다.

'이런 서열화 홍수 속에 나는 그것으로부터 자유로운가?'

지난 10년 외대부고 학교설명회를 뒤돌아 보면, 자주 언급했던 외대부고 순위 이야기는 다음과 같습니다.

- 서울대 합격자 및(예고 제외) 수능만점자 배출 1위
- 중학교 3학년 학생, 학부모 선호도 고교 1위
- 미국 4대 대학(HYPS) 누적 합격자, 해외대학 합격자 배출 1위
- 영국 옥스포드, 캠브리지 누적 합격 수 1위
- 전국 4천여 곳 중고등학교 중 재학생 및 학부모 자기학교 만족도 1위
- 학교 급식(신의 급식) 만족도 1위

순위와 성적 이야기는 어쩌면 가장 알고 싶어하는 학부모들을 향한 '달콤한 유혹' 수단이자 어쩌면 객관성과 신뢰도를 보여주는 방법으로 자리매김을 했습니다. 그럼, 여기에서 정말 부모들이 관심을 가지고 집요할 정도로 설명회가 끝난 이후, 질의 빈도와 수치 기록을 기반으로 정리해보면,

(1) 외대부고는 수시에서 몇 등급으로 서울대를 보내요?

(2) 외대부고에서는 어느 정도해야 의대를 갈 수 있나요?

(3) 외대부고에서 꼴찌를 하는 애는 어느 대학을 가죠?

(4) 외대부고에서 미국의 아이비리그는 어느정도 성적으로 갈 수 있나요?

(5) 외대부고에 합격하려면, 중학교 성적은 어떻게 되야 하나요?

(6) 외대부고는 SKY를 들어갈 수 있는 수시의 내신 컷은 어떻게 되나요?

대한민국 최고의 아이들은 어떻게 공부하는가

위의 질문이나 유사 관련 질문을 받을 때, 속 시원한 이야기를 해주는 경우가 있을까요. 일반적으로 큰 방향성을 알려줄 뿐 명쾌하게 말할 수 있는 곳은 없을 것입니다. 당연히 기존의 기록을 토대로 장밋빛 내용인 듯 좋게 말할 수 있을 뿐입니다.

보통 아파트 전단지 브로셔를 보면, 아파트 주변 사진과 내부의 깔끔한 인테리어, 주변 인프라와 편의시설에 대해 입이 벌어질 정도로 소개합니다. 아래와 같이 '본 홍보물에 사용된 사진, 이미지 및 그림 등은 소비자의 이해를 돕기 위해 촬영 또는 제작한 것으로 실제와 다를 수 있습니다' 라고 적혀 있습니다.

그러나 학교는 상업 광고 브로셔처럼 '법망 피하기용 문구'를 사용할 수 없으니 학교 프로그램이나 시설 등을 깔끔하고 예쁘게 보여주는 정도입니다. 그것 마저 데이터도 기존의 기록을 토대로한 가장 희망적 예측이자 안내입니다. 앞서 입학업무과 진학지도를 진행하는 입장에서 6가지의 집요한 질문에 대한 속 시원한 대답을 하기에 어려운 부분이 너무 많습니다.


그럼 조건을 바꿔 질의·응답을 할 수 있게 학부모에게 다시 질문을 던져주면, 그래도 가장 원하시던 정답을 스스로 찾을 수 있을 겁니다.

(1-1) 서울대 어떤 전공을 위해 어떤 준비를 해왔으며,
      어떻게 준비할 계획을 가지고 있는가?

(2-1) 의대를 왜 진학하려고 하며 어떤 전공의 의사가 되고 싶은가?
      그럼 희망 분야를 위해 어떤 준비를 해왔으며 어떻게 준비할 계획을
      가지고 있는가?

(3-1) 꼴찌라는 정의를 할 때 의지가 없이 모두 내려놓은 꼴찌인지,
      끝까지 최선을 다하며 노력하는 꼴찌인지 구분하는가?

(4-1) 미국 대학에서 어떤 전공, 어느 대학을 보내려고 하는가
      아이비리그 대학의 미국에서 위상과 위치를 어느 정도인지 알고 있는가?
      전공을 위해 어떤 준비를 했으며, 어떻게 준비할 계획을 가지고 있는가?

(5-1) 중학교 성적을 고등학교에서 어떻게 바라보는지, 비평준화, 특목고,
      자사고 등 그 안에서도 전국, 광역, 서울, 서울 이외의 방식 등 모든 학
      교가 조금씩 다른 평가 방식을 알고 있는가?

(6-1) SKY 무슨 과를 기려고 전공을 위해 어떤 준비를 했으며,
      어떻게 준비할 계획을 가지고 있는가?

사실 구체성에 대한 의문에서 기본 개념은 대부분 동일합니다.

안타까운 부분은 한정된 정보에 대한 맹신인데 경험칙에 아닌 억측과 합리화, 다름이 아닌 틀림으로 결론을 내고 주장하는 것입니다. 변함없이 어떤 학과에 무슨 전공을 하고 그것을 위해 내가 어떤 관심만큼의 활동과 조사를 했는지가 더 중요하지만, 일반적인 1차 관심은 주문을 외우듯 술술 나오는 대학 서열이 법칙처럼 되어버린 것이 현

실입니다. 가끔은 이렇게 유명한 주문이 있을까 싶을 정도로 세뇌된 사람들의 구전효과는 '만델라효과*'라고 보는 것이 마땅해 보입니다.

"저는 하고 싶은 것이 우선이라 학교보다 전공을 먼저 선택해요!"

이런 경우에도 대학 전공의 순위를 보고, 다시 대학 서열을 따지기는 것은 이미 고착화된 현실을 증명합니다. 그래도 가장 근사치에 맞게 자신의 적성에 맞은 전공과 그에 맞는 적극적인 노력했다면 내신 또는 수능점수를 따져 학교 선택이 가능할 것입니다. 오랫동안 학생들의 진학과 진로를 함께 고민하고 이제는 마흔이 넘어 사회 생활을 하는 제자들을 볼 때면, '성공', '행복'의 필수 요건이 학교 서열을 우선으로 할지 본인이 정말하고 싶은 전공이 우선으로 하는지 결론 없는 논쟁이겠지만 후자의 선택이 아이들이 마음에 와닿기 바라고 있습니다.

특히 최근 5~6년 전부터는 대놓고, 대학은 점수 맞춰서 우선 입학하고 복수전공이나 이중전공을 하는 것이 자연스러운 일이 되었습니다. 현실에서는 유튜브나 인터넷에서 심심치 않게 보이는 것이 "명문대는 어디까지 명문대일까?"라는 문구와 쇼츠를 너무 쉽게 볼 수 있습니다. 그럼 대학에서는 객관적인 기준에 의한 인재를 구분할 수 있을까? 절대치로 관련 없다 할 수는 없겠지만, 분명한 것은 대부분의

---

* 일반적 대중들 사이에서 소통 단절, 정보왜곡 등으로 널리 퍼지게 된 사회적 착각을 일컫는 말.

인재를 찾고 개발하는 사람들은 진짜 최고의 인재를 선발할 때 대학 서열과 관계없다고 말합니다.


그럼 미국 대학의 경우를 살펴볼까요?

한국에서는 대학이 많지 않으니 주변에 물어봐도 쉽게 알 수 있지만, 미국 대학에 정보의 편향성이 말하지 못할 정도로 큽니다. 해외로 대학을 많이 보내고 있는 외대부고에서 학생 진학지도시 가장 큰 어려움은 전공과 대학을 묶어 상담하면 강한 거부감, 즉 파악하고 있는 대학 정보가 너무 적다는 것입니다.

외대부고 졸업생 95% 이상이 미국 50위권 대학에 입학하고 있는 상황에서 여러분께 아래 대학을 추천하면,

(1) 영화를 전공은 USC(University of Southern California) 추천
(2) 엔지니어링 전공은 LA 지역에 UCLA에서 추천
(3) 항공우주관련 전공은 Rice University 추천
(4) 다양한 관심을 가지고 있다면 Amherst College 추천


만약 (3)에 있는 라이스대학교를 추천하면 얼굴색부터 변하는 부모님도 있습니다.

라이스대학을 추천하니 "뭐? Rice? 쌀… 밥…? 우리 애를 왜 농과대학에 추천하는 거에요?"

정말 웃지 않을 수 없는 상황이 벌어지기도 합니다. '남부의 하버드 대학'이란 별칭을 가진 라이스 대학교William Marsh Rice University는 미국에서 20위권 대학으로 유명합니다. 여기서 20위권이라고 하니 순위 비교를 하면 정말로 안 됩니다. 이유는 미국은 대학이 4천 곳이 넘는 나라이기 때문에 종합순위 20위권이면 우리 상상을 초월한 엄청난 대학입니다.

일반적으로 개인이 아는 범위에서 대학 평가하는데 주변사람들에게 합격 소식을 전할 때 반응을 보면, 일반적인 미국대학에 대한 인식을 볼 수 있습니다.

**사례 01**

부  모: 우리 애가 이번에 미국의 존스 홉킨스Johns Hopkins 대학교에 진학해요.

주변민: 우와! 정말 대단하네요. 엄청난 대학에 합격 했네요. 축하해요!

**사례 02**

부모: 우리 애가 미국의 애머스트칼리지Amherst College에 진학해요.

주변민: (조금 당황) 아, 축하해요.

(아니 그렇게 좋은 고등학교 다니면서, 미국 University도 아니고 College를 보내는 것을 보니 아이고 안 됐네!)

두 가지 사례를 보면 공감이 되실 겁니다.

대한민국 사람들 사이에서 존스 홉킨스 대학교는 왠지 엄청난 인기이자 의학 및 의과학, 생명공학 등 분야에서 세계적 수준인 것을 알고 있는 경우도 있고, 과거 드라마 <하얀거탑> 등 언급되면서 자연스럽게 인식되기도 했습니다. 그렇다고 해서 위 (4)에서 다루었던 애머스트칼리지Amherst College를 보면서 4년제, 2년제 등을 논하거나, 저런 '이름 모를 대학'이라고 평가한다면 아는 만큼 보이도록 노력하시길 바랍니다. 미국 대학을 염두한다면 말이죠.

미국은 유니버시티University말고도 리버럴아츠칼리지LAC:Liberal Arts College라는 이름을 가진 작지만 아주 강한 대학이 많습니다. 리버럴아츠칼리지는 인문과학, 사회과학, 자연과학 등 '학부 중심'의 4년제 대학을 말합니다. 그래서 대학 종합순위를 매길 때, LAC 대학 중에서 애머스트칼리지Amherst College는 최상위권의 명문 대학입니다. 혹시 아래의 대학은 어떤가요?

밴더빌트Vanderbilt, 콜게이트Colgate, 쿠퍼 유니온Cooper Union, 클레어몬트 메케나Claremont Mckenna, 하비 머드Harvey Mudd ⋯

처음 들어본 것 같기도 하고 아닌 것 같기도 하겠지만 한국인에게는 익숙한 학교는 절대 아닙니다. 대부분은 미국 종합 순위 30위권내에 있는 학교인데, 입학이 정말 쉽지 않은 곳입니다.

위에서 언급한 서던캘리포니아대학교USC: University of Southern

California은 영화 관련하여 미국 1위 대학이며, 캘리포니아대학교 로스 앤젤레스UCLA: University of California, Los Angeles LA 한인타운 가까이에 있어서 익숙하지만 Public School 부문에서 최상위권에 있는 주립대학 으로 미국 종합 30위 이내에 있는 명문대학입니다.

외대부고 학생들이 50위권 대학에 대부분 진학을 한다고 했을 때, '아주 성적이 낮은 아이들이 들어가는 학교까지 모두 이야기했구나' 라고 생각한다면 큰 착각입니다. 미국 전국 4천여 곳 대학에서 50위권 이 대학이라면 정말 허투루 대학을 선택하는 것이 아님을 알 수 있을 것입니다. 어쩔 수 없이 미국 대학의 서열을 언급하지만 우리는 학생 들을 위해 진로·진학 지도시, 대학순위를 먼저 언급하기 보다는 '전공 적합도'를 통해 입학하여 잘할 수 있는 것을 추천하고 대학에서 그 전 공이 잘 운영되는지 함께 소개를 해주고 있습니다.

우리 애는 어느 대학에 보내야 할까를 고민할 때, '서·연·고·서· 성·한·중·경·외·시, Big 5 의대, HYPS*, IVY League** 등 원하는 것 을 하지 말라고 할 수 없지만 최소한 아이가 해왔던 노력과 특성에 맞 춰 적성에 맞는 학과를 선택하고 그 대학 중에 운영 방식이 괜찮은 대 학을 찾아주는 노력을 하면 어떨까 싶습니다.

---

* Harvard, Yale, Princeton, Stanford 대학교의 이니셜
** 미국 북동부 지역의 8개 명문 사립대학교 :
   Harvard, Yale, Upenn, Princeton, Columbia, Brown, Dartmouth, Cornell

사람들은 자신이 원하는 것만 믿는다.

*Homines id fere libenter quod volunt credunt.*

대한민국 최고의 아이들은 어떻게 공부하는가

# 계단은 한 걸음씩 처음부터 탄탄하게

과정의 길고 지루함은 부질없고 결과만 나올 수 있으면,
떠 먹기만 해도 된다는 착각

많은 어머니들이 학원 설명회 또는 상담을 다녀와서 아이에게 어떻게 공부할 지에 대한 일장 연설을 합니다.

"너네반 영웅이는 어디 학원에서 ◇◇◇선생님에게 ○○책을 가지고 공부하니 성적이 올랐다고 하더라! 너도 그렇게 해보자!"

그 아이가 원래 수학을 정말로 좋아하고 평소에 공부할 내용이 부족해서 공부할 내용을 갈구하고 있었다면, 엄마의 적극성은 빛을 발휘할 수 있을 지도 모릅니다. 그러나 우리 현실의 대부분 자녀들은 비슷하지 않을까 싶습니다.

핸드폰이나 태블릿 컴퓨터와 혼연일체가 되어 침대에 딱 누워서 그 정말 자세를 따라하자면 제 허리가 다 아플 정도입니다. 우리는 자주 하는 실수가 '누가 그렇게 공부하더란다'를 적용하려는 것은 너무

도 불필요하고 불확실한 방법임에도 우선 따라합니다. 수첩 가득 적온 비법이 '백종원 요리 레시피'처럼 그대로 재료와 불 세기, 양은 저울과 스푼으로 계량하고, 시계를 꺼내 조리 시간을 적은 그대로 따라하기에는 요리와 공부는 너무도 다른 분야입니다.

자기 객관화를 통해 결국 무엇부터 해야 하고, 그 다음은 무엇을 하는지 전략이 필요합니다. 그보다 먼저 집에 오면 침대에 누워서 핸드폰만 하는 아이, 핸드폰을 떼어내려고 하면 분리 불안을 일으키는 아이를 의자에 우선 앉히기 등 기본적인 생활태도부터 변화해야 합니다. 이렇게만 쉽게 말하면 그럼 어떻게 의자에 앉고, 어떻게 핸드폰과 아이를 분리시킬 수 있는지 묘수를 내놓으라고 아우성일 것입니다. 아이를 정말 공부시킬 마음이 있다면 우선 아이 스스로 움직일 수 있게 해줘야 합니다. 저녁이나 주말, 휴가철에 우리 모습은 어떤가요? 누워서 뒹굴거리다 낮잠도 자고 그동안 못 봤던 넷플릭스를 보기도 합니다.

그런데 아이들은 저녁이면 학원, 주말이면 주중에 못 했던 것 과제에 방학이면 방학특강으로 숨 쉴 틈조차 없습니다. '스스로' 무엇을 하려는 어른과는 확연히 다른 '타인'에 조정 당하는 아바타가 보입니다. 그나마 '스스로'를 망각한 '순종형' 아이는 '너는 착하고 성실하다'는 칭찬으로 위안 삼고 스스로를 억누르며 생활할 것입니다. 그 중에도 자아욕구가 엄청 강한 아이들은 까칠한 반항으로 일탈에 몸부림치기도 하는데 그나마 침대에 누워 핸드폰을 보는거면 그나마 귀엽게 보일 정도입니다.

대한민국 최고의 아이들은 어떻게 공부하는가

제가 생각하는 정말 아이를 공부시킬 묘수를 찾는다면, 아래의 3가지 모습 Study, Memorize, Result을 보고 싶은 것이 아닐까 싶습니다.

Study(공부) 잘하고,
Memorize(암기) 잘하면,
Result(결과)가 좋을 것이다.

Study(**열정**) 품고,
Memorize(**마음으로**) 이해하며,
Result(**다시 뛰기**)가 좋아질 것이다.

위 단어의 의미를 낱낱이 살펴보면 아이 스스로 무엇을 하지 않을까 싶습니다. 공부의 Study는 라틴어의 Studere(열정을 품는다)라는 어휘에서 출발을 했습니다. 자신이 '흥미'를 가지고 '열정'을 품게 할 수 있는 것으로 너무 서두르지 말고 즐길 수 있게 하는 것이 바로 '공부'라는 것입니다.

두 번째 Memorize(마음이 통해 이해하다)라는 의미의 어휘는 '암기하다', 유의어로 'Learn by heart(마음으로 배우다)'라는 의미도 있습니다. 라틴어 'Mens(마음) + ~rize(~화 되다)'는 억지로 무엇인가를 외우면서 나가는 진도가 아니라 하나를 하더라도 스스로 가슴이 뻥 뚫리도록 이해하며 느려도 나아가려는, 결국 내재화 된 이해를 말합니다.

미지막 단계의 Result는 라틴어의 'Re(다시) ┃ Salire(튀다)'라는 의미를 갖는 것인데, 시험을 보거나 테스트를 하는 것이 '점수'를 통해 칭찬 아니면 비난 받는 평가로 여겨지는 것이 아니라, 스스로 공부한 것을 확인해 '다시 뛸 수 있는 동기부여'의 확인 지점이라는 것을 이해해야 합니다.

수천 년 전 어원을 말씀드리는 것은 공부라는 단어의 생성 과정이 그 본질을 찾은 소산이기 때문입니다. 오랜 공부의 선구자들은 '공부는 열정을 품고 마음으로 이해하며 앞으로 튀어 나아가는 과정'이라고 말하고 있습니다.


네, 저도 잘 알고 있습니다.

말로는 이해되지만 뭔가 속이 후련하지 못하고, 명쾌한 묘수라고 생각이 들지 않다는 것을….

다른 사람에게 효과 있었던 것이 나에게 효과 있기는 쉽지 않겠지만, 그래도 반드시 지금 바로 [역량 키우기 기본 사항]의 방법을 제시해 보고자 합니다. 이 방법은 시간이 좀 오래 걸리는 방법이니 중3보다는 중2, 중2보다는 그 아래 학년으로 내려갈수록 더욱 좋을 듯합니다.

**역량 키우기 기본 사항**

• 또래 그룹을 만들기 : 서로 협력과 선의의 경쟁을 만들 수 있게 구성

• 관심분야 파악 : 경험내용과 관련해 책 또는 행사 참여 구성

• 정기적 활동시간 설정 : 주 1회 적정시간을 만들어, 경험 기회를 제공

• 멘토 그룹 구성 : 학생 지원 부모님 그룹, 활동 내용 만들기

위의 내용은 반드시 필요한 역량 만들기 기회이기 때문에 독서토론, 방문행사, 참여행사, 그룹 스터디 등으로 실천할 때, 필요한 요소입니다. 물론 핸드폰 등의 전자기기로부터 독립성을 키우며 실행력 있게 접근하기 위해서는 '핸드폰 없이 생활'이 가능한 체험 활동 등으로 경험이 필요한데, 이 또한 멘토(부모님) 그룹의 노력이 필요합니다.

필자의 경험에 비춰보면 '지자체, 대학, 여러 중고등학교, 공익단체'에서 시행하는 프로그램은 너무 많기에 특정 명칭을 언급하기 보다는 VI, VII장의 학생 수기 내용을 참고하면 좀 좋지 않을까 싶습니다.

그렇다면, '아이들의 참여와 지적 성장을 이뤄 낼 수 있는 가장 효과있는 활동은 무엇일까?'라고 생각해볼 때, 세월이 아무리 변해도 변하지 않는 주요활동 하나는 대부분의 선생님들도 인정하는 역시나 '독서 연계 활동'입니다. 독서도 위에서 언급한 [역량 키우기 기본 사항]에 따라 준비하며, 아이들이 책을 읽고 '토론'과 '글쓰기'로 연계해 주는 노력이 조금 쉽지는 않겠지만, 어른의 눈으로 아이들이 재미있

게 활동하고 참여하도록 해주는 정도만으로도 너무 좋은 활동이 될 수 있다고 확신합니다.

가끔은 무엇을 하더라도 '평가'를 하려는 듯한 모습을 초기부터 아이에게 보인다면, 정말 과욕입니다. 일단 스스로 책상에 앉고 스스로 책을 선정하고, 스스로 자기 생각을 말하면서 경청하면서 의견을 교환하는 단계까지만 부모님이 해줘야 합니다. 그리고 활동이 끝난 후, 아래의 지침은 꼭 염두해 둡니다.

**독서 연계 활동 방법**

(1) '활동했던 것을 1000자 이내'로 형식에 구애 받지 않고, 글을 써보라고 하자.

(2) 아이가 글을 쓰면, 제목도 붙여보라고 시켜보자.

(3) 제발 평가하지 말고, '칭찬'하면서 '질문 & 대답'의 시간을 가져보며, 아이에게 궁금한 것을 물어보자. '날카롭게 평가하려고 하지 말고, 편안하게'

(4) 아이가 대답하는 것을 잘 기록해두자.

두세 번 계속 횟수가 늘면 정말 놀랄 정도로 성장하는 것이 보입니다. 아이들에게 스스로 '주제, 책 선정, 토론, 발표, 글쓰기'를 할 수 있게 했다면 완전 성공입니다! 이후부터는 부모의 영역을 넘어서는 부분인데 이때부터는 아이들의 선택에 따라 참여할 수 있는 대회, 위원회, 포럼, 센터, 지자체 행사 등을 찾아 안내하는 역할을 지원해 보는 것도 좋습니다. 그러면 그때부터는 아이들도 승부욕이 생겨 무엇인가

대한민국 최고의 아이들은 어떻게 공부하는가

를 해야 할 것이 느껴지고 스스로 하려고 할 것입니다.

사실 대학을 다니는 첫째 아이에 대해 과거 회상해 보면, 5학년때부터 6학년때까지 활동을 하기 위해 매주 토요일 아이와 함께 내놓는 시간이 쉽지는 않았습니다. 아이도 저도 오래 전이고 그 순간이 힘들어 참고 넘기기 어려운 위기도 있었지만 그 시간이 너무 좋았다는 것은 확실합니다.

더미는 낱알갱이로부터 만들어진다.

*Ex granis fit acervus.*

# 가성비 높은 것에 투자한다

나에게 투자하느냐, 남들의 시선에 투자하느냐
무엇이 가성비를 결정하는 것일까?

시험기간만 되면 난리가 납니다. 공부한다고 온갖 수발을 들어도 무슨 짜증과 불만이 가득하여, 난공불락의 요새를 정복하는 것처럼 작전을 짜도 어렵고 다시 생각을 고쳐먹고 잘해주지만 잘해줘도 난리… 그래서 그냥 놔두면 시험 기간인데 홀대한다고 생떼… 거의 발광 수준입니다.

'무자식이 상팔자이구나'라고 한탄하며 절로 한숨만 나옵니다. 그래서 이꼴저꼴 안 보려고 돈이 좀 들어도 기숙사 학교로 보내 버리면 좀 낫지 않을까라는 생각도 하지만, 막상 눈에서 안 보이면 또 괜히 걱정되고 안타까운 마음을 갖는 것이 우리 부모입니다.

"너도 애 낳고 부모 되면 부모 마음 다 알게 된다." 어르신들의 말씀이 새삼 공감이 갈 때가 많습니다.

대한민국 최고의 아이들은 어떻게 공부하는가

TV에서 무엇인가 한 가지를 매우 잘하면 명장이니 장인이니 하면서 추켜 세워주고, 그 성공한 사람이 되기까지 노력한 과정을 멋있게 연출하기도 합니다. 로마시대 퀸틸리아누스Quintilianus는 '역사는 입증하기 위해서가 아니라, 말해지기 위해 쓰여진다 *Historia scribitur ad narrandum non ad probandum.*' 라고 역설했습니다. 과정 하나하나가 모두에게 귀감이 되는 분도 있지만 '정말로 그 외길 인생 과정이 순탄했을까?' 의문이 듭니다. 과정이 존경을 할 만해도 결과도 역시 성공으로 연결되기가 어려운 것이 현실입니다. 이런 현실에서 우리 아이가 정말 특별한 길을 가고 싶다고 한다면, 맘껏 응원 및 투자할 수 있는 부모가 몇 명이나 있을까 싶습니다.

"나는 우리 애가 좋아한다는 것, 잘할 수 있는 것은 정말 적극적으로 밀어주고 지지해줄 수 있어!"

이렇게 말하지만 학교 공부를 조금 덜하게 하고, 학교 교육과 관계없는 활동을 밀어주고 지지해 줄 수 있는 부모는 제 주위 눈 씻고 찾아봐도 보기 힘듭니다. 대부분의 평범한 부모들에게 직면한 현실은 '모든 부분에 고루 훌륭함'을 갖추면서 활동도 성적도 대부분의 과목에서 빠짐없이 일정수준 이상을 유지하고 버텨내는 사람이 그 놈의 '명문 대학'이라는 곳에 들어가고 그나마 조금은 편안한 인생을 살 것이라고 생각합니다. 그러니 모두가 똑같이 특목고나 입시로 명망(?)있는 명문 고등학교를 진학하면 유리한지, 집 근처의 일반고등학교에 진학하면 진학에 유리한지 열심히 계산을 해봅니다. 이과라면 의대(의학계열), 컴퓨터공학 등을 제외하면 나른 선택이 특별히 보이지 않고, 문과라면 비즈니스, 로스쿨, 정치외교 등 다른 선택지가 별로 보이지 않습니다.

우선 현실과 타협하여 '우리 아이 사업계획서'를 학원에 제출하고 아르바이트라도 해서라도 어느 정도 잘 되야 속이 쓰리지 않겠죠. 가격비교, 사용리뷰를 확인하고 구매하고 주유소 가격이 리터당 10원이라도 싸게 넣고 뿌듯해 하던 사람도 내 자식 앞에서는 무용지물입니다. 그렇게 인색한 사람도 무리를 해서라도 자녀에게 이렇게 돈을 씁니다.

(1) **우리 아이의 옷과 신발, 가방**: 이쁘고 좋고 편하게 그래도 기 죽지 않게…
(2) **노트북, 태블릿 PC, 무선 이어폰, 핸드폰**: 공부 보조 수단, 불편은 없어야 하는데 오히려 공부를 방해할까 또 걱정
(3) **학원 및 교재의 선택**: 좋다고 소문 확인, 비싸도 특별반, 특별한 자료라면 아이의 미래이니 오케이!

'정말 어려워도 내가 힘들고 말지!' 자식에 대한 사랑은 지독지애의 모습으로 대부분 부모의 정말 과도한 정성은 시대가 지나도 그 방법만 바뀌었을 뿐, 변함이 없다고 봅니다. 그러나 우리가 그토록 원하는 일정 수준 이상의 아이로 만들기 위해 무턱대고 투자하고, 개성 없

이 키울 것인가의 문제 의식도 갖지 못합니다. 이제 아무리 사회적으로 성공한 삶을 살고 있는 기성세대일지라도, 아이들의 삶은 우리 때와는 다른 세계의 인종이라는 것을 인지해야 합니다. 그저 우리가 통념 속에 가지고 있는 소문이나 기억의 경험을 아이에게 강요하고, 투자 금액을 운운하면서 본전 회수의 꿈을 꾼다면 그것이야 말로 헛돈을 쓰고 있을 확률이 높습니다. 여기에서 우리가 꼭 짚고 넘어가야 하는 것이 있습니다.

| 지금 이 순간 해야 하는 것 | 학교수업(50%), 활동의 성실함(50%) |
| 하고 싶은 것 | 학교 수업(50%), 하고 싶은 것에 활동을 연계(50%) |

만일 붕어빵 찍어내 듯이라는 말이 있듯이 모든 사람이 같은 반죽에 팥 넣고 불판에서 정확한 시간을 돌려 완성된 붕어빵 모양과 맛이 일정할까요? 비슷해 보일 수는 있지만 미묘한 모양의 차이와 불의 세기, 굽는 시간 길이의 미묘한 차이에 의해 사람마다 다른 결과를 냅니다. 우리에게 붕어빵 하면 딱 그 정도로 생각할 수도 있으나 틀을 벗어나려는 아이디어가 번뜩이는 사장님의 경우에는 완전히 다른 붕어빵으로 변신하기도 합니다. 치즈나 크림을 곁들이거나, 팥이 아닌 다른 것을 넣거나 무한 형태의 변형과 분위기로 정말 저렴하고 싸다는 인식을 바꿔버린 경우도 많지요.

이것에 착안해 기존의 것을 고수하며 100%를 쏟아 부을 것이 아니라, 기존의 형태에서 완전히 다른 것이 되면 곤란하니 50%를 투자하고, 새로운 아이디어에 50%를 기존 아이디어에 투자하는 방식, 학생의 입장에서는 부담이 될 것입니다.

그래도 학교의 틀을 벗어나서 무엇인가 하려면 너무 힘든 것은 분명하고, 그 투자의 비용과 시간은 예측할 수 없어 전체적인 흐름마저 그르칠 수 있습니다. 그런 실패를 걱정하며 사교육에 결국 의존할 수 밖에 없는 상황에 처하게 될 수 있지요. 그래서 어느 정도의 울타리가 필요하고 그래야 누구나 봐도 인정할 수 있는 수준이 됩니다. 이렇게 학교프로그램을 이용하라고 하면 대부분의 부모들은 우리학교에 프로그램이 없다고 지레 판단해 버립니다. 실질적으로 외대부고가 속해 있는 용인시 처인구에 있는 읍·면 소재지 중학교들 학교 과제 및 프로젝트 프로그램을 살펴 보았습니다.

- 모둠원이 쓴 설명문의 작성 방법, 적절성과 효과를 판단해 비평문 쓰기
- 인공지능 기술이 우리 삶에 미치는 영향과 활용방안
- 교량 및 터널설계 및 시공원리와 경제적 의의, 건설 기술의 발달 상황 연구
- 친환경 주택 설계의 요건
- 사회 환경이 주는 가족 갈등의 원인과 해결방안
- 해외 유명 축제와 유사한 국내 축제를 비교해, 이상적인 축제의 발전방향 제시
- 교훈이 되는 명문이 나오게 된 계기나 상황을 제시하고, 오역의 부분이 발생했다면 이유 제시

학교의 수업들마다 하고 있는 수행평가, 프로젝트 수업, 학생회 활

동, 방과 후 프로그램, 지자체 연계 프로그램 등 할 수 있는 것, 관심을 가질 수 있는 것이 넘쳐나는 것을 확인할 수 있었습니다. 역시나 학교의 하드웨어나 소프트웨어의 문제이기 보다는 학부모, 학생인 이용자가 학교 프로그램 및 선생님에 대한 불신이 만들어낸 베이퍼웨어 Vaporware*가 아닐까요?

둘째 50% 투자에 해당하는 '하고 싶은 것(학교에서 하는 수업과 활동과 하고 싶은 것 연계)'을 보면, 앞서 말했던 이용자는 그럴듯해 보이지 않다고 생각하고 학교 밖으로 눈길이 갈 것입니다. 거기서 무엇인가 멋지게 만들어 줄 수 있을 것이라 큰 돈 쏠 각오로 말입니다. 여기에서 언급하고 싶은 것은 하고 싶은 것과 쉼을 좀 분리해서 생각해 주길 바랍니다. 아이들에게 뭐하고 싶냐고 하면 게임, 유튜브, 인스타그램 등 일텐데 이것으로 본인을 드러낼 수 있는 수단으로 활용한다는 것은 아주 희박합니다.

여기서 학교 프로그램으로 내가 하고 싶은 것Particular Talent & Personal Quality**과 연결하여 어필할 수 있는가에 집중해야 합니다. 언젠가 평

---

\* 제품으로 나온다는 이야기는 무성한데, 실체가 없는 상품을 지칭하는 용어. 'Vapor(증발하다) + Ware(제품)'의 합성어.

\*\* 미국대학이 학생을 평가할 때 주요 사항으로 여기는 요소(Factor)는 19가지가 있다. 물론 국내학생과 국제학생을 분리해서 평가하고, 대학의 특이성(주립, 종교 등)에 따라 다르기 때문에 모든 요소가 모든 학생에게 적용되는 것은 아니지만, 대부분의 대학이 중요하게 고려하는 요소는 다음의 7가지 고등학교 기록부(Rigor of Secondary school Record), 평균 평점(GPA), 공인시험점수(Standardized Tests) 자기소개서(Essay), 교과외 활동(Extracurricular Activities), 특별활동(Particular Activities), 개인성향(Personal Quality)이다.

가를 받는 그 시점에 무작정 열심히 했다고 말을 아무리 열심히 해도 어떻게 그 활동에 대해 신뢰성을 승명할지는 너무노 뻔합니다.

결국 학생들의 증명서인 '학교생활기록부(이하, 생기부)' 평가를 따지기 전에 수많은 과목과 학년별 담임 선생님, CA 담당교사 등이 종합적 공식 자료로 '신뢰성'을 갖는다는 것을 명심해야 합니다. 그래서 아이가 특별한 활동을 했다고 말할 때, 실낱 같은 계연성도 찾아볼 방법이 없거나 본인이 직접 경험을 대체할 간접경험에 해당하는 독서기록 마저도 없다면*, 결국 생기부 밖에서 특별한 활동을 어떻게 하게 되었는지 그 출발선, 연계성 등을 고민을 해야 합니다.

중요한 것은 아이가 무언인가에 빠져 책을 찾아보고 관련 행사도 참여하고, 동일 분야의 사람과 경쟁하거나 토론을 하고 싶다는 것이 있으면 과감하게 투자하면 좋겠습니다.

더불어 이런 부분은 아마도 본인의 경험(학교생활) 속에서 형성되었거나, 조금 다를지라도 학교의 어떤 교과이나 활동과 연계하여 그 모양을 더 구체화시키는 것을 더욱 강조하고자 싶습니다. '남들과 다른 나'를 드러내기 위해 과감한 투자를 하려면 어떻게 해야 하는지 밖에서만 찾지 말고 학교에서 직접경험 또는 간접경험(독서)에서 찾길 바랍니다.

---

* '독서' 생기부 언급에 대입(2024년부터) 미반영 부분인데, 무슨 증빙자교가 되는지를 반문할 수 있는데, 필자의 의도는 '실질적으로 본인이 읽었는지(간접경험)'에 중심을 두고 쓴 것임을 밝혀둔다. 단, 고입에서는 독서활동 상황은 제출 생기부에 반영되어 출력됨.

대한민국 최고의 아이들은 어떻게 공부하는가

우리는 학교를 위한 것이 아니라 인생을 위해서 배운다.

*Non scholae sed vitae discimus.*

II 교육이라는 그 혼돈의 세계

# 대한민국 최고의
# 고등학교를 넘어

10개가 전부인줄 알고 그것만 반복하지 않고,
10를 7번, 아니 77번을 고치고도 만족하지 않는다.

대한민국 최고의 아이들은 어떻게 공부하는가

전국에서 모인 최고의 아이들이 어떻게 공부하고 생활하는지 궁금할 것입니다. 매 순간 학교 안에서 아이들이 보는 세상과 그것을 가장 가까이에서 지켜보는 선생님들은 그들의 눈에 비친 세상을 어떻게 지도해야 하는지 고민하고 있습니다. 그러나 학교 담장 밖 수많은 사람들은 엄청난 프로젝트로 잠도 재우지 않고 아이들을 인간미 없이 엄격하게 입시만 강조하는 사관학교처럼 착각하고 있습니다.

그동안 1기부터 20기까지 입시 성적에만 매달려 시험에 찌든 똑같은 얼굴을 한 아이들로 넘쳐나는 곳은 절대 아닙니다. 마치 각각의 개성으로 오랜 정성을 쏟아 세상에 하나뿐인 수공예품이 만들어지는 곳이라 여기고 있습니다.

입학 전에 아이들이 준비하고 갈고 닦았던 자신만의 10개* 이야기로 입학하지만, 다른 친구들과 마주하고 공감하면서 자신의 특별한 꿈을 더 만들어 내고 합니다. 각 학생이 꺼낸 10개의 이야기는 서로의 이야기와 만나며 교류, 통합, 분할을 하다 보면 엘리베이터안에 타고 서로 맞은 편의 거울에 비춰져 무한하게 늘어난 모습처럼 10개의 이

---

* 10의 상징성은 현대의 모든 사람들이 10을 가지고 숫를 표현가 때문에 배수로 넘어가기전에 가장 큰 첫 단계의 큰 수입니다. 그렇기 때문에 그 상징성은 천일야화에서 보여주는 10의 거울에 비춰진 반복성 이과 붙여 1001이라는 '무한한 이야기'라는 의미를만들어낸 상징성입니다.

야기는 무한증식되어 많은 이야기로 만들어짐을 알게 됩니다. 졸업할 때가 되면 '천일야화'처럼 끝없는 이야기가 미래의 밑거름이 되어 흔히 상급학교에서 요구하는 소위 '○○○역량'이 갖추게 될까요?

사실 아이들의 인생의 진짜 게임은 살아가며 나타나는 차별된 존재이자 인재로 평가받으며 알게 될 것이라 확신합니다.

<br>

❧❧

네 희망 속에서 우리는 미래를 본다.

*In spe tua, videmus futurum.*

# 엄마께 대신 등교하시라고 해라!

아는 범위에서 알고 싶은 것만 말해주기 보다
공감하고 들어줄 수 있는 기다림이 필요할 수 있다.

아이가 원하던 학교를 스스로 선택해서 상급 학교 진학에 성공을
한다면 세상 모든 것을 다 얻은 기분일 것입니다. 그렇다면 원하는 학
교를 선택하는 과정은 어땠을까요?

주변의 이야기를 듣거나 인터넷 기사를 보고, 직접 학교의 설명회
를 찾아가거나 수많은 관련 사교육 상담, 유튜브 등을 참고할 것입니
다. 우리 외대부고와 같은 자사·특목고를 진학할 때는 무슨 이유에 의
해 지원했는지 외대부고 학년별 100명에게 설문을 해보았습니다.

혹자는 대학실적을 보면서 서울대나 의대 등을 꿈꾸는 현실적인
사람이 많아 보일 수 있으나 2위, 3위를 합친 45.1%의 높은 수치는 교
육의 다양성과 차별성을 느끼고 싶어한다는 것을 알 수 있습니다.

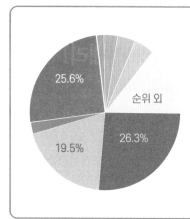

1위: 대학 진학실적(26.3%)

2위: 학교의 동아리 및 학생 프로그램의 다양성(25.6%)

3위: 학교의 교육과정(수업)(19.5%)

4위: 기숙사(6%)

5위: 재학생, 학부모 만족도 전국 1위(5%)

6위: 중3 학생, 학부모 선호도 1위(4%)

7위: 방과 후 프로그램(2%)

8위: 외대부고 선생님의 명성(2%)

순위 외 : 급식, 교복, 학교 시설, 부모님의 권유, 동문 등등

<외대부고 지원 이유 설문 결과 (학년별 각 100명, 총 300명)>

아래 역량을 갖춘 학생이 맘껏 자신의 능력을 발전하길 바라되, '홀로' 조용히 앉아서 문제집만 바라보고, 사색을 즐기는 학생은 지원을 자제해 달라고 말합니다.

- 자기 주도적 능력을 깆추고 스스로 계획하고, 과징을 고민하고 결론까지 낼 수 있는 인재
- 다른 사람과 협력하면서 지금보다 더 발전시킬 수 있는 집단지성을 이뤄낼 수 있는 인재
- 앞에 있는 두가지 능력을 적극적으로 추진하고 수행할 수 있는 리더십이 있는 인재

외대부고에서 선발된 인재는 함께 협력하고 집단지성을 발휘하며, 높은 참여율과 기여도로 리더십을 발전시켜 주길 바랍니다. 우리는

대한민국 최고의 아이들은 어떻게 공부하는가

아이들이 학교라는 울타리 안 놀이터에서 교육과정, 학생참여 프로그램, 방과 후 프로그램, 동아리 등 재료로 맘껏 놀아주길 바라지만 학교는 장소 제공과 안전 문제만 담당할 뿐, 계획하고 노는 것은 아이들의 몫입니다. 노는 방법이나 재미를 느끼는 정도가 제각각이니 하나의 게임도구만 주거나 하나의 방식을 고집하도록 강요하는 것은 아이들의 창의성, 교류를 통한 변화에 하나도 도움될 것이 없을 것입니다.

가끔은 입학한 후에 외대부고의 교육과정, 프로그램의 폐지와 신설을 과도할 정도로 요구하는 학부모도 있는데 어떤 학교라도 즐겁고 효과적인 학교 생활을 할 수 있으려면 충분한 사전조사를 통해 자신과 맞는지 확신이 필요합니다.


자, 이렇게 외대부고에 입학을 했더라도 웃지 못할 일이 벌어지는 광경이 많습니다.

외대부고 입학하기 전에 "나는 ○○를 공부하고 싶고, ◇◇◇을 활동하고 싶다."고 주장했던 아이들은 입학 후, 많은 변화를 하게 됩니다. 물론 긍정적인 변화도 있지만, 부정적인 변화도 있습니다.

'자기주도'를 할 수 있는 인재라고 기대를 크게 했지만, 일부 학생은 아바타처럼 움직이는 모습을 보이며 안타까움을 느끼게 합니다. 대부분 아이들은 공부도 잘하고, 스스로 결정하고 초능력자처럼 기존 능력을 두 배, 세 배로 확장할 준비가 되어 있지만 그 크기를 제한하는 존재, 바로 '엄마' 아닐까 생각이 듭니다.

일부 아이들은 아마도 초등학교, 중학교 때부터 엄마의 지휘아래 학원, 과외, 많은 프로그램을 경험에 길들어진 것 같습니다. 정규 수업 동안 그렇게 말도 잘하고 대답을 잘하던 아이들도 구석진 복도에서 통화하는 모습을 보게 됩니다. 자신의 선택을 항상 엄마라는 절대존 엄에게 점검 또는 결재 받으면서 생활한 것으로 보이는데,

아이 1: 엄마, 오늘 방과 후 수업을 결정해야 하는데, △△△수업을 선택하려는 데 어때요?

아이 2: 엄마, 동아리 ○○○하려고 하는데, 어때?

앞에서 말한 방과 후 수업과 동아리 관련 질문에 엄마들로부터 정말로 "네가 원하는 것을 알아서 선택해" 정도의 대답을 듣고 싶었으나,

엄마: 음… 일단, 전화 끊어봐. 엄마가 알아보고 다시 연락줄게.
(어느 정도의 검색과 지인 통화, 학원 선생님과 핫라인 연락 후)
엄마가 알아봤는데, □□ 방과후 수업은 입시에 도움이 안 되니, ▲▲를 선택해. ◇◇◇동아리는 입시에 좋다니, 최선을 다해 가입해.

설마라는 표정을 짓는 사람도 있겠지만, 보충수업에서 라틴어, 언어학 개론을 개설하고 '사회공헌 봉사 활동' 동아리 담당교사로 강의 정정기간에 수많은 취소를 당해봐서 너무도 잘 압니다.

산초티처:   너 라틴어 첫 수업하고 재밌어 했잖아?

학생:   선생님, 엄마가 미쳤냐고 대학을 어떻게 가려고, 왜 그런 수
업을 듣냐고 하셔서…

아이는 아쉬운 표정 담아 굉장히 미안해 하는 것을 보고 오히려 제가 더 미안해 졌었던 경우도 있습니다. 정말 국·영·수처럼 주요과목을 방과 후 수업에서 듣지 않고, 다양한 것을 경험하면 대학에 진학하기 힘들까요?

솔직히 다양한 프로그램을 제공하는 학교에 와서 일반학교에서도 다 경험할 수 있는 것만 하려니 정말 이해할 수 없습니다. 아마도 '아이의 선택'이 아닌 '엄마의 진두지휘'가 이렇게 만든 것 같아 아쉬울 뿐입니다. 애써 복도 한 구석에서 전화를 마치며 표정 어두운 아이들을 여러 번 목격할 때마다 이렇게 말합니다.

"너 이번 주말에 집에 가니? 그럼, 월요일부터 교복 엄마한테 드리고 등교하시게 해라! 엄마가 굉장히 자기주도이시니 잘하실 것 같다고, 꼭 좋은 대학에 합격시켜드리겠다고…"

시간이 지날수록 아이들의 자기주도적 선택은 늘고, 절대 존엄으로 엄마 숫자는 줄어들길 바랍니다. 그러면 정말로 다양한 모습의 대한민국을 짊어지고 나갈 미래의 인재로 성장할테니, 우리 학교에 진학할 정도라면 혼자 스스로 잘할 수 있으니 제발 좀 믿어 주길 바랍니다!

네가 모르는 것을 다른 이에게 강요하지 마라.

*Ne imponas aliis quod nescis.*

# AI 교실과 디지털 교과서, 난 일단 반댈세!

시대의 흐름에 따라 유행은 변화하고, 시대의 요구는 다르다.
그렇다고 필요없이 모두 없애야 하는지….

디지털 AI교과서가 나온다고 합니다. 이제 종이의 시대는 갔으니 태블릿, 노트북 모두 준비해서 개인 수준에 맞는 문제도 선별하고 모두에게 이해되고, 누구에게나 빠른 진도와 이해를 해결할 구세주로 너무도 기대가 큰 것처럼 보입니다.

우선 교육부, 교육청에서 말하는 현실이 잘 통할지 저는 의문입니다. 언론에서도 문해력 저하와 시대적 추세라는 명제가 첨예하게 대립하고 있습니다. 미국은 필기체 의무교육법을 발의하는 움직임이 있습니다. 태블릿 PC나 스마트폰 등 디지털 기기가 학습을 저하했다는 원인이라는 것이 그 이유입니다.

소위 교육 선진국이라는 스웨덴, 캐나다, 네덜란드, 핀란드 등도 다시 디지털 교육을 제동을 거는 마당에 말입니다. 이런 변화의 시대에 무작정 꼰대처럼 반대하는 나이든 선생의 곱지 않은 시선이라고 생각하는 분이 있는 것 같아 말씀드리지만, 저는 누구보다도 앞서서 얼리

어답터라고 자부하고 기술의 속도를 놀라워 거부하고 뒷짐지는 선생
은 분명히 아님을 밝혀둡니다.

반복해서 말하지만 교육은 어떤 자료, 어떤 프로그램, 교육 과정,
교육 효과 질은 교사의 질을 절대 넘어서지 못합니다. 책의 종류, 자
료의 첨단화와 태블릿, 컴퓨터의 성능이 학생들의 공부에 너무 도움
이 되고 개개인의 진도에 맞춰 공부할 수 있도록 AI(인공지능)가 다 해
줄 듯이 말하며, 대대적으로 홍보를 합니다만 정작 문제는 교육현장
은 아직도 제자리 걸음을 하고 있는 것 같습니다. 교육부에서 '교실혁
명 선도교사'라는 이름으로 학교에 배치할 교사를 먼저 교육하고 수
년 내에 30만 명이 넘는 교사 연수를 진행한다는 원대한 포부를 발표
했습니다.

그러나 본질적으로 교사 연수까지 진행하여 디지털 기기, 교재를
다루는 것이 그렇게 어려울 문제인지 궁금합니다. 그보다는 학생이
수업에서도 어려움 없이 아이들과 소통하고 어려움을 해결해 주며 많
은 교류 및 상담을 통해 수업 동기까지 북돋아 주는 것이 최고의 교사
라 칭송받는 것은 두말할 필요가 없습니다.

본질적으로 인공지능을 아이들에게 적용시키겠다고 하는 부분은
지식전달 측면만 강조했다는 것에 문제 제기하는 것입니다. 과거 수
능보다 이전시대, 학력고사 시대에 학습의 효율을 위해 운영되었던
우열반이 차별조장이라는 이유로 금지가 되었고, 그 대체 방안으로
EBS를 통한 교육으로 교육의 전인교육을 표방했습니다. 그것이 수능

시대로 넘어오면서 EBS의 보편화는 정말 모든 사람에게 도움이 되었는지를 보면 지금의 'AI 교과서' 만큼이나 파괴력이 있었는지 의문이 듭니다.

2025년부터 시작되는 학점제 교육과정을 위해 시범학교가 해왔던 고교학점제의 목적은 다음과 같습니다.

> 기존의 획일화된 교육을 지양하고, 고교학점제를 통해 학생들의 다양하고 자유로운 선택권을 보장해 학습동기와 흥미를 불러일으키도록 하고 배움의 질을 높이고자 한다.

여러 시범 실시 학교에서 학생의 선택권을 보장해 다양한 수업을 설치해 시범운영을 하면서 기존 학교 교육과정에 없던 심리학, 환경학, 교육학, 스페인어 등의 과목을 두 가지 방식으로 운영했습니다.

첫째, 순회교사를 선발해 요일별로 3~4개 고교를 다니며 수업을 실시한다.

둘째, 교사 중 부전공 연수 이수 교사 또는 유사 교과 교사를 통한 수업을 실시한다.

획일화된 교육을 지양하고 다양한 선택권을 보장하며 학습동기를 불러 일으키기에 충분하고 만족스러웠는지 우선 순회교사 사례입니다. 교직을 20년 넘게 하고 학생을 아무리 자주 만나고 상담을 많이 해도 진로 진학을 위해 마주하면 주어진 난제 해결은 쉽지 않습니다. 성적 이외에도 아이의 성향, 고민, 대회 참여를 위한 지도교사 등 수업을 3년을 하고, 상담을 10번 이상을 하면서도 눈물 콧물 짜면서 격려와 위로 등을 통해 겨우 진학, 졸업을 시킵니다. 그런데, 일주일에 한두 번 수업만 하면서 만족스러운 교육이 된다고 판단할 수 있다니…

둘째, 역시 부전공 연수를 보면, 이 역시 과원 교사의 자리보장을 위한 제도 아닌가 싶습니다. 만약, 독일어 교사에게 윤리 부전공 연수를 이수하게 하고, 윤리와 사상, 생활과 윤리, 철학, 심리학 등의 수업에 투입한다면 기존에 윤리전공자가 볼 때는 기가 찰 노릇입니다.

부전공 교육에 있어 필자가 '전국 스페인어 교사협의회' 회장을 하면서 교육청에 격하게 항의한 적이 있었는데, 유사교과의 부전공연수에 대해 반대한다는 입장이었습니다. 이미 말한 것처럼 스페인어교사로서 영어교과가 유사교과이기 때문에 영어교사에게 스페인어를 부전공 교육을 실시하고 자격을 주겠다는 교육청의 모습이 정말 정당해 보이는지 묻고 싶습니다. 비단 밥그릇 사수를 위함이 아닙니다.

현실적으로 연수를 최소 2~3년동안 대학교 부전공 취득정도로 한다면 조금은 이해하려고 했으나 2월~8월까지 약 6~7개월 남짓 집중교육으로 어학 부전공을 취득한다는 것으로 제대로 된 수업을 진행할 수 있을지 의문이며, 영어가 스페인어의 유사 교과, 프랑스어와 베트남어가 유사 교과라고 하니 납득하기 어렵습니다!

조금 흥분을 가라 앉히고 결론적으로 학점제가 제대로 된 교과 교사를 확보하고 교과 교사가 수업만 하는 것이 아니고 담임과 진로 상담에 축제 및 학술제, 대회 지도 등 아이들을 위해서 할 것이 너무도 많습니다.

그렇기에 학점제처럼 수업만 바라보고, 진도 및 수준의 차이만 바라보며 추진하는 디지털교과서 또한 정말 하나만 알고 있으니, 그것으로 모든 교육이 확 바뀐다고 주장하고 도입하려는 어리석은 무사의 각주구검의 행동에는 '난 반댈세!'라고 외치고 싶습니다. 그것은 결국 고스란히 아이들에게 피해가 갑니다.

그렇다면 외대부고와 같이 이미 선택교과를 운영할 수 있는 인적자원 교사들이 잘 포진되어 있는 학교에서 어떻게 대응하고 있는지 살펴보면, 과거에 2025년부터 자사·특목고의 일반고로 전환에 발맞춰 공교육강화와 학생의 다양성을 추구해보겠다는 야심찬 포부를 밝혔습니다. 그런데 여기서 당시 체제에서 강조했던 공교육 강화와 학생의 다양성 추구, 두 가지의 오류를 먼저 밝혀보고자 합니다.

첫째, 자사·특목고 역시 공교육의 한 축이고, 특권계층이라고 얘기하는데 최선을 다해 입시를 준비한 아이들에 대한 악마화는 절대 안 됩니다.

둘째, 학생의 다양성은 이미 자사·특목고에서 추구하는 많은 선택과 활동이 단순히 입시를 위해서 이루어지고, 무엇인가 조작되는 것처럼 호도하면 역시 안 됩니다. 학생의 다양성 추구 방식이 이미 자사·특목고에서 실시하고 있는 수월성 교육을 일반학교에서도 구현할 수 있게 하자는 취지와 더불어 기존에 2025년부터 모든 특목고의 일반학교로 전환에 실시를 하는 정책이 맞아떨어지는 듯했으나, 현시점에서는 자사·특목고의 존치로 정책이 변화되면서 혼란스러운 형국입니다.

다시 말하자면 외대부고 방식의 다양한 교과과정과 선택의 넓은 폭은 분명 좋은 선례로 학점제 정책의 좋은 참고서적처럼 여겨지는 것은 분명합니다. 그렇다고 외대부고는 '학점제' 시대에 기존의 방식을 그대로 유지하는 것은 아닙니다. 외대부고의 다양한 기존의 방식 또한 외대부고가 항상 20년동안 한결같이 보여줬던 모습인 시대동향에 민감한 사람Pulse-Taker이자 탁월한 감으로 유행에 반발 앞서 나가는 사람Trend-Setter의 자세를 계속 유지하려 합니다.

절대 트렌드에 역행하거나 거부하지 않는다는 것입니다. 도대체 외대부고는 어떤 프로그램, 어떤 방식으로 운영되기에 그리 자유롭다고 하는지 궁금해하는 분들이 있을 것입니다.


거시적 관점으로 외대부고에는 삼형제가 사이 좋게 살고 있습니다. 그 형제는 '국제·인문·자연 트랙'을 말합니다. 외대부고의 공통교육과정은 빠짐없이 꽉꽉 채워 내실 있게 운영하는 것을 기본으로 하며, 그 기반 위에 각 트랙이 가지고 있는 교과과정의 특색 및 자체 프로그램*을 운영합니다. 각 트랙의 아이들은 학교 안에서는 투탁거려도 밖에서는 피는 나눈 형제처럼 돌변하는 우리 아이들의 모습에 교육은 잘 시켰다는 점을 보여주는 예가 아닐까 싶습니다.

학교를 다닐 때 내가 가지 않은 길이고 내가 더 돋보여야 하기 때문에 가끔은 지나친 경쟁이 비난으로 비춰질 때가 있는데, 이때 부모님까지 같이 합세합니다. 다른 트랙의 아이들이 조금이라도 영역침범을 하는 듯하면 본인에게 유리한 척도로 상대를 비난하는데 공부 영역, 공부 방향, 시험 종류, 활동의 종류가 너무도 다릅니다. 그래서 그것을 평가하는 기준이 필요한데 A트랙에서 줄자를 사용했다면, B트랙에서는 저울을 사용하고, C트랙은 시간을 사용할 수 있습니다.

이렇게 기준에 맞지 않은 측정도구로 서로 비교하면 비난이 억지가 되는 것은 누구나 아는데 이런 경쟁심에 의한 투탁거림은 20년동안 계속되어 왔습니다. 그럼에도 학교라는 끈으로 졸업 후 사회에서 아니면 해외 대학에서 프로젝트를 할 때, HAFS(외대부고)라는 이름으로 다시 만날 때는 서로 윈-윈win-win하여 자신의 역량을 다른 역량과 모으는 것은 너무도 다행스럽습니다. 학생을 선발할 때, 집단지성으로서의 창의성을 유전자처럼 훈련된 아이들의 내면의 힘이 아닐까 싶습니다.

---

* 국제과정의 티티유(Think Tank Ultimatum), 인문과정의 소디포(Socratic Debate Forum), 자연과정의 유리프(Eureka Research Program)이 대표적인 트랙별 특색프로그램이며, 다른 트랙 소속의 학생도 관심이 있다면 교차로 다른 트랙의 특색프로그램을 참가할 수 있음.

그 밖에 정규 수업 외에 방과 후 또는 주말·방학기간에 학교 내 자체 프로그램으로 자유롭게 운영 되는 것이 선택 과정Elective Track, 200여 개의 자율동아리, 학년별 100개 정도의 스터디그룹, 다양한 소인수 교과, 심도 있게 1년 이상 진행되는 창의융합연구 등이 그 대표적인 활동일 것입니다.

다만 세상의 흐름에 따라 불과 10여 년 전 즈음 문과 전공들이 엄청 유행하였고, 근래에 태세가 전환되어 이과 또는 의대가 인기를 끌고 있습니다. 하지만 지금 유행하는 전공 기준으로 미래 인재로서 위치를 고착시킨다면 상당히 위험할 수 있습니다. 10년이나 20년 후, 한참 미래를 위해 인생의 계단을 제대로 밟아보지도 않은 아이에게 직업에 대해 블루오션이니 레드오션이니 하면서 전공을 강요 또는 회유하는 것은 무의미합니다.

먼저 블루, 레드오션으로 아이의 길을 정하시려는 부모님이 계시다면, 지구상에 단 한 명이라도 필요한 곳이 바로 우리 아이의 자리일 수도 있으니 차라리 좋아하는 것을 하도록 그대로 두면 어떨까 싶습니다. 시대가 변화하고, 아무리 좋은 시스템, 좋은 자료가 있어도 의지 없는 아이를 일으켜 세울 수 있는 열쇠는 '교사'만이 쥐고 있고, 그 운영과 역할은 강조해도 지나침이 없습니다.

더불어 모두가 처음부터 집단지성이라는 이름 아래 융합을 만들어 가려는 것은 위험하며, 토론을 해도 나에게 정확한 지식이 없다면 억지 주장밖에 할 수 없기 때문에 알맹이Contents를 채우는 기본은 소홀히 해서는 안 됩니다. 산초선생의 'Road to AI교육' 단계를 제안하면서 글을 마무리합니다.

모든 자식은 똑같이 소중하다.

*Omnes filii sunt aeque cari.*

# 현실과 이상의 구별

때로는 불만을 늘어놓는다.
이러려고 내가 공부 열심히 했는지…

하고 싶은 것만 하려는 거짓 없는 자아와 타인을 의식하고 흐름에 따라가는 자아로 아이들은 살아갑니다. 유심히 관찰해 보면 이상과 현실의 자아는 절대 섞일 수 없는 다른 세계의 존재로 보입니다.

매일 두 존재는 서로를 두려워하지만 결국 타협하여 하나로 살아가는 것이 대한민국 고등학생의 모습입니다. 물론 그 이후에 삶도 그렇지만 두 개의 자아가 강한 바람, 성난 파도를 겪으며 가장 스스로에게 갈등을 느끼는 시기이기도 합니다.

크게 기대 안하고, 참석한 학교 설명회.
하고 싶은 것만 하면서 살아도 되는 것처럼 입학홍보 담당인지 부장인지 잘은 모르겠지만, 외대부고의 설명회에서 마이크 잡고 이야기하는 것을 듣고 있으면 마치 내가 꿈꾸던 바로 그 학교를 말해주는 것 같아 너무 좋다. 그 꿈의 학교에 가면 하고 싶은 것 하면서 푸른 잔디밭 위의 파라솔 테이블, 그 위에 책을 올려놓고 열심히 토론하면서 환한 미소를 짓는 브로셔의 재학생 모델처럼 될 것을 상상한다.

대한민국 최고의 아이들은 어떻게 공부하는가

질풍 노도의 시기에 중3, 위의 모습처럼 이상적 미래를 꿈꾸며 입학을 하면 현실은 녹록하지 않은 고등학교 학생들의 삶, 공부의 양에 비례해 지식 소화의 절대시간의 부족하고 지식을 소화시켜 내 것으로 만드는 어려움. 하고 싶은 것과 현실 입시의 연계성을 따지고 드는 주변 사람들…

정말 외대부고는 그렇게 할 것이 많고 시간은 부족한가 의문이 드신다면 기숙사 학교인 외대부고의 하루를 들여다 봅시다.

---

**Daily Routine**

| | |
|---|---|
| 07:00 | : 아침기상 방송 [등교 준비시작] |
| 07:50 | : 기숙사 밖으로 이동 완료 [모두 기숙사에서 나오는 마지막시간] |
| 07:30 ~ 08:40 | : 아침식사 |
| 08:50 | : 담임선생님 조회 |
| 09:00 ~ 12:50 | : 오전수업 (4시간) [정규수업] |
| 12:50 ~ 14:00 | : 점심시간 |
| 14:00 ~ 17:40 | : 오후수업 (4시간) [정규수업 + 트랙별 특별수업] |
| 17:40 ~ 17:50 | : 담임선생님 종례 |
| 17:50 ~ 19:00 | : 저녁식사 |
| 19:00 ~ 20:20 | : 야간스케줄01 (Elective track, Study Group, Project 등) |
| 20:20 ~ 20:50 | : 저녁 간식시간 |
| 20:50 ~ 23:00 | : 야간스케줄02 (Elective track, Study Group, Project, 동아리활동 등) |
| 23:00 ~ 23:40 | : 기숙사 입실 |
| 23:40 ~ 23:50 | : Roll Call (점호 : 기숙사 인원점검 및 전달사항 안내) |
| 23:50 ~ 01:00 | : Curfew (통행금지 : 새벽 1시, 전체 소등 (단, 시험기간은 2:50 소등)) |

위의 스케줄을 보면서 어떤 생각이 드시나요?

일단 시간의 숫자를 앞에 붙여 하루를 길게 나열하니 무서워 보일 수도 있겠지만, 보편적으로 하루에 해야 할 것이 많고 빈틈이 없다는 생각이 듭니다.

모든 학생은 주어진 시간은 누구에게나 크로노스 타임*을 부여받습니다. 그것을 활용하고 자신의 것으로 만들면서 느끼고, 온전히 나만의 것으로 만드는 시간은 상대적인 카이로스 타임**이 될 수도 있습니다. 효율을 높이려면 수업시간에 충실하게 공부하면서 소화시키고, 자신을 돋보이게 할 프로젝트, 동아리, 스터디 그룹 활동의 시간 등 역시 주어진 시간 속에서 최선을 다하며, 그 바쁜 하루 일과 사이사이 시간을 최대한 활용해야 합니다.

아이들에게 물으면 하루 중에 가장 좋은 시간은 잠들기 직전의 자유롭고 평화로운 시간이며, 기상 방송으로부터 하루를 시작하는 시간이 가장 싫은 시간이라고 합니다. 격렬하게 하루를 마치고 잠자기 직전 맛보는 짧은 시간이 소중하고 더 특별하게 다가오는 것은 자신을 위해 온전히 맞이한 자유이기 때문이겠지요. 현실 속에서 매일 빡빡하게 살고 있고 무섭도록 경쟁하고, 주말과 방학은 부족한 학업, 각종

---

* Chronos Time: 누구에게나 주어진 24시간.
  1시간은 60분처럼 물리적인 동일한 시간을 언급함.

** Kairos Time: 사람들 개인마다 생각하는 주관적인 시간의 길이.
  누구에게는 시간이 길게 느껴지고, 누구에게는 시간이 짧게 느껴지는
  생각 속의 시간을 언급함.

대한민국 최고의 아이들은 어떻게 공부하는가

대회, 호기심을 채워줄 연구활동을 통해 더 채워 나가며 3년이란 시간을 알차게 살아갑니다. 그런데 자신이 학교를 선택한 기준을 판단하지 못하고 실수도 모르는 이들에게 다음과 같은 말합니다.

"자율형사립고등학교는 교육 과정 운영이 유연하여 대학진학과 아이들의 미래를 위해 필요한 것을 선별하여 제공해 주는 '최적의 교육과정과 프로그램'을 운영하여 일반학교 보다 자신이 원하는 공부와 진학에 훨씬 유리하다."

유연성이 보장된다고 하지만 외대부고도 교육부·교육청 산하에 인가 받은 학교로 정부 권고안의 교육과정 틀 밖으로 벗어나서 임의적으로 교육과정을 편성하는 것은 못하며, 정해진 범위 안에서만 유연성을 발휘해야 합니다. 다시 말해 정부 마련한 틀 밖으로는 절대 나갈 수 없다는 것입니다. 그러면 정부의 교육과정 궁금하는데 큰 틀에서 고등학교 3년 동안 학생들은 정해진 학점(즉, 일주일에 1시간 배정된 수업이 1학점으로 고려하면 됨)은 총 192학점을 이수해야 합니다.

그 중에 교과수업으로 174학점을 이수해야 하고, 창의적체험 활동으로 18학점을 이수해야 합니다. 그리고 174학점 교과수업 중 84학점은 '필수 이수' 학점으로 반드시 수강을 해야 하는데 예외가 없습니다. 단순히 계산하면 하루에 6시간 정규교과를 일주일, 즉 월요일부터 금요일까지 5번이면 일주일에 30시간이 됩니다.

그러면 한 학기에 30학점을 채우게 되는 것이고, 그 방식으로 3년간 6학기를 모두 이수하면 총 180학점이 됩니다. 정부가 교과에 이수하라고 했던 획점 총 시간이 174학점이니 교육부기 제시한 총 192시간입니다. 그 중에서 필수교과가 84학점이라면, 그 외 여유시간은 자율 이수 시간입니다.

| 교과(군) | 공통 과목 | 필수 이수 학점 | 자율 이수 학점 |
|---|---|---|---|
| 국어 | 공통국어1, 공통국어2 | 8 | 학생의 적성과 진로를 고려하여 편성 |
| 수학 | 공통수학1, 공통수학2 | 8 | |
| 영어 | 공통영어1, 공통영어2 | 8 | |
| 사회 (역사/도덕 포함) | 한국사1, 한국사2 | 6 | |
| | 통합사회1, 통합과학2 과학탐구실험1, 과학탐구실험2 | 8 | |
| 과학 | - | 10 | |
| 체육 | - | 10 | |
| 예술 | - | 10 | |
| 기술 · 가정/정보/ 제2외국어/한문/교양 | - | 16 | |
| 소계 | | 84 | 90 |
| 창의적 체험 활동 | | 18(288시간) | |
| 총 이수 학점 | | 192 | |

고등학교 교과과목이 정말 많은데 '학생의 적성과 진로를 고려한 편성' 이수학점을 듣는 것이 가능할지 의문이라면, 분명히 앞에서 설

명한 것처럼 모든 고등학교는 이처럼 '교육부 권고' 내에서 그 효율성과 유연성을 발휘하고 있습니다.

외대부고가 그 최적의 묘수를 찾는 방법이 분명히 있으니 오랜 시간을 사랑받아 왔고 앞으로도 나아갈 수 있는 부분이라고 단언컨데 말할 수 있습니다. 버려지는 시간을 최소화하고, 미래를 위한 활동 및 지식을 우리의 것으로 만들 수 있도록  경험하며 소화 할 수 있는 시간이 많습니다. 매일 같이 학원을 왔다갔다 똑같은 것을 공부하여 점수로 평가받으며 그 마저도 내재화 시간도 부족한데 그들을 모범생으로만 포장하고 있습니다. 그래도 외대부고는 기숙사가 있어 대한민국 고등학교 192시간을 넘어, 거짓 없는 자아와 타인을 의식하는 두 자아가 단단하게 균형을 맞춰가는 아이들로 성장할 수 있다고 봅니다.

멀리서 보면 '희극'인데, 가까이에서 보면 '비극'인 것이라는 말이 있습니다. 그러나 그 비극이라고 불리는 것 마저도 비극인지 모르고 시키는 대로만 살다가 어느 순간에 너무 큰 좌절을 맛보는 것이 대한민국 고등학생이라는 것을 부정할 수 없습니다.

그럼에도 불구하고 자신이 하고 싶은 것을 위해 노력하고, 스스로 해보려고 시도하는 시간이 '수학, 영어' 점수 몇 점 올리려는 것보다 훨씬 더 중요하다는 것을 다시 한번 말해주고 싶습니다. 우리 아이들의 삶은 고등학교에서만 끝나지 않기 때문입니다.

과거를 돌아보고, 현재를 직시하고, 미래를 바라보라.

*Respice, adspice, prospice.*

대한민국 최고의 아이들은 어떻게 공부하는가

# 그들은 언제
# 외대부고 진학을 꿈꾸는가?

살아있는 전설, 현존하는 명성이 필요하다.
역사 속에서 액자를 통해 보면 안 되는…

**A학교:** 어디 학교에서 오셨나요?

**산초티쳐:** 용인외대부고입니다.

**A학교:** 어디라고요?

**산초티쳐:** 용·인·외·대·부·고 요~

**A학교:** 아하, 용인외고? 맞죠? 그런데, 외고에서도 '의대'를 진학하나요?

10년 넘게 전국을 다니며 설명회를 할 때도 학교 이름을 헷갈려 하거나, 여전히 외대부고를 인지하지 못하는 경우는 자주 있어 이제는 크게 당황스럽지도 않습니다. 불과 작년에 지방설명회\*를 하던 중 어느 아이 학교의 중학교 선생님 말씀,

---

\* 외대부고는 기존에 수도권을 벗어나 '부산, 광주, 대전, 대구' 설명회를 시행해오고 있다.
  단, 입시일정 및 사정에 따라 장소가 취소 및 변경되는 경우도 있다.

"아니, 이 지역에도 외고가 있는데, 서울도 아니고 용인에 있는 외고를 진학하려는 것이 이해가 안 된다. 요즘 분위기가 의대나 공대 가려는데, 너는 왜 외고를 가려고 하는거야."

지원 희망자 자신의 이야기를 하며 진학의지를 꺾는 중학교 선생님이 계시다는 것에 당황했고, '진짜 외대부고를 선생님이 모를까?'고 의심도 들었지만, 위 사례처럼 외대부고를 아직도 외고로 인지하거나 외대부고의 존재를 입시 준비 이전까지는 조금도 생각해 보지 않았던 것을 인지할 수 있었습니다. 실질적으로 외대부고의 존재를 인지하고, 외대부고로 진학을 시켜야겠다는 생각을 언제 하게 되었는지 '수도권 지역' 부모님 100여 분에게 설문을 했습니다. 처음에는 수도권 지역의 설문이기 때문에 풍문으로 들려오는 말로 초 5때부터 준비하는 사람들이 있다는 것을 들어왔기에 우리학교의 존재를 오랫동안 인지하지 않았을까 기대하긴 했습니다.

**"외대부고를 알고 진학시켜야겠다는 생각은 언제부터 하셨나요?"**

- 중학교 3학년 　30.6%
- 중학교 2학년 　19.0%
- 중학교 1학년 　41.7%
- 초등 6학년 이하 8.3%

대한민국 최고의 아이들은 어떻게 공부하는가

위의 수치를 보게 되면, 그래도 중학교 1학년때부터 인지하는 아이들이 많다라는 것을 알 수 있지만, 수도권이라는 설문 대상지역을 생각한다면 많이 놀라운 결과였습니다.

특히 중3이 되어야 인지한 사람이 30%라고 한다면, 정말 "외대부고가 좋은 학교이고, 인지도가 높은 것 일까?"라는 생각을 하게 됩니다. 이런 이야기를 교육계에 있는 사람들에게 말하면, "걱정도 팔자야, 외대부고가 무슨 걱정이 있어"라고 말하지만, 10년을 넘게 입학을 담당하는 입장에서 내가 무엇을 더 준비해야 되는지 고민하게 됩니다. 설명회에서 자주 사용한 '전국 중학교 3학년 학생과 학부모'의 고등학교 선호도 조사한 표를 소개하는데 고민을 많이 하게 되는 순간입니다.

**최근 10년간 고교선호도 상위 10개교 변화**

| 순위 | 2022년 | 2021년 | 2020년 | 2019년 | 2018년 | 2017년 | 2016년 | 2015년 | 2014년 | 2013년 |
|---|---|---|---|---|---|---|---|---|---|---|
| 1 | 외대부고 | 외대부고 | 외대부고 | 외대부고 | 하나고 | 외대부고 | 외대부고 | 외대부고 | 외대부고 | 외대부고 |
| 2 | 서울과고 | 서울과고 | 서울과고 | 하나고 | 외대부고 | 하나고 | 하나고 | 하나고 | 대원외고 | 대원외고 |
| 3 | 하나고 | 하나고 | 하나고 | 서울과고 | 서울과고 | 상산고 | 상산고 | 상산고 | 하나고 | 하나고 |
| 4 | 경기과고 | 상산고 | 상산고 | 경기과고 | 대원외고 | 경기과고 | 대원외고 | 대원외고 | 상산고 | 상산고 |
| 5 | 한성과고 | 경기과고 | 한성과고 | 상산고 | 상산고 | 서울과고 | 서울과고 | 경기외고 | 서울과고 | 서울과고 |
| 6 | 경기북과고 | 세종과고 | 경기과고 | 경기북고 | 세종과고 | 대원외고 | 경기과고 | 경기과고 | 세종과고 | 고양외고 |
| 7 | 세종과고 | 한성과고 | 세종과고 | 한성과고 | 경기과고 | 경기북과고 | 한성과고 | 서울과고 | 민사고 | 안양외고 |
| 8 | 상산고 | 경기북과고 | 경기북과고 | 세종과고 | 한성과고 | 한국과학영재 | 경기북과고 | 세종과고 | 명덕외고 | 경기북과고 |
| 9 | 한국과학영재 | 한국과학영재 | 대원외고 | 대원외고 | 경기북과고 | 한성과고 | 민사고 | 민사고 | 경기외고 | 세종과고 |
| 10 | 대원외고 | 대원외고 | 민사고 | 한국과학영재 | 한국과학영재 | 북일고 | 한국과학영재 | 한국과학영재 | 한성과고 | 경기외고 |

(출처: 종로학원하늘교육)

불과 한두 달 전, 학교 입학부에서 아래와 같은 문의 전화를 받고 어떻게 응답을 해야할지 고민했던 적이 있습니다.

"안녕하세요. 저는 △△중학교 진로담당교사인데요. 우리학교에 용인 한국외국어고등학교*에 진학하려는 학생들이 있는데, 그 학교 지원할 때 어떻게 해야 되나요?"

위 사례의 경우에 진학 진로를 담당하는 선생님이 외대부고 뿐만 아니라, 자사고를 지원하는 방법, 외고를 지원하는 방법은 알고 계신지 일단 매우 혼란스러웠습니다. 최대한 친절하게 "귀 교에서 아이들이 기존에 특목고에 진학을 하지 않았나요?"를 물어보면, 대부분 두 가지 방향으로 이야기하는 분들이 많습니다.

"제가 고등학교에서 중학교로 올해 처음 왔어요."
"제가 진학을 맡은 것이 처음이에요."

진학을 꿈꾸는 아이들에게 피해가 가면 안 되기 때문에 최대한 시간을 할애해서 정성껏 설명을 드리며 오랜시간 동안 통화한 것이 여러 번인데, 입시 내용도 모르고 학교 이름도 잘못 말씀하시는 선생님을 이해시키면서 외대부고가 전국적으로 잘 알려진 학교라고 생각했

---

\* 이름마저도 제대로 이해하지 못하고 있거나, 이름이 길어서 헷갈렸을 수 있다.

대한민국 최고의 아이들은 어떻게 공부하는가

던 저에게는 다소 충격이었습니다.

만약에 학부모 입장에서 해당 학교에 다니는 아이가 외대부고 진학을 준비한다면 다소 어려울 수도 있겠다는 생각이 들었습니다. 제 입장에서는 전국에 숨어 있는 인재들이 우리 학교의 선발 기준을 몰라 제대로 지원 조차할 수 없다는 것은 너무나 큰 손실이기 때문입니다.

**사례 02**

"우리학교에 용인외대부고에 가려는 공부 잘하는 아이가 있는데, 195점이면 합격선이죠? 커트라인이 어떻게 되요?"

위 사례의 경우도 역시나 자사·특목고를 보내본 적이 없는 것을 그대로 보여주는 사례입니다. 자사·특목고는 생기부의 독서, 임원경력, 전과목 성적, 봉사 등을 모두 점수화해서 200점 만점으로 계산하는 방식을 사용하지 않습니다. 대부분의 일반고등학교를 지원하거나, 비평준화 고등학교에 지원할 때 사용하는 방식으로 자사·특목고에도 그대로 적용하지 않기에 입시를 준비해주는 중학교 선생님이 이렇게 질문할 때마다 안타깝습니다.

학생들이 지도 교사의 정보에 따라 아무런 잘못도 없이 교육 선택의 기회마저 잃을 수 있다는 것을요.

**사례 03**

"이번에 우리학교에서 외대부고 희망 학부모들에게 소개하려고 하는데, 저희 학교 소개해줄 수 있나요? 시간은 30분 줄 수 있고, 당일 주변 고등학교 4군데에서 오기 때문에 더 시간을 줄 수 없어요."

위 사례의 경우도 외대부고의 특수성과 학교를 알리기 위해 30분으로 가능할까라는 생각이 들어 최소 1시간 최대 2시간정도는 필요하다고 설명드리면 예의 없이 외대부고만 왜 특별히 더 시간을 줘야 하냐며 외대부고 입학부의 서비스와 태도를 나무라는 것 같아 속상하기도 했습니다.

비슷한 일을 여러 번 마주하면서 깨달은 한 가지가 있습니다. 겸손을 잃으면 안 되고, 한 명이라도 더 외대부고의 우수성을 알 수 있게 노력해야 한다는 생각이었습니다.

라틴어 격언에 "독자의 이해 능력에 따라 책들은 자신의 운명도 결정된다. *Pro captu lectoris habent sua fata libelli*" 말이 떠 올랐습니다. 제가 아무리 마이크를 잡고 목이 쉬도록 '외대부고는 최고의 학교'라고 부르짖는 것 보다 학교에 지금보다 더 교사로서 재학생이 만족하는 학교로 훗날 대한민국의 이끌어가는 인재로 성장하도록 토대를 닦는 본질이 더 중요하다는 것이죠.

그러면 저절로 학생과 학부모가 직접 외대부고에 관심을 가지고 준비하고 입학하여 훌륭한 인재로서 대한민국을 이끌고 성장하는게 살아있는 명성이 되는 것이라 믿습니다.

사람이 태어나서 죽는 사람과 같다면 전성기가 있고 신체적인 노화에 어쩔 수 없는 세월의 무상함을 한탄할 수 있겠지만, '학교'가 그런 존재는 아니라고 생각합니다.

저는 그 이름의 유명세를 만드는 것도 중요하겠지만 더 중요한 것을 말하고 싶습니다. 외대부고가 어느 순간에 전국구 학교 반열에 올라가더라도 세월이 지나 학교가 역사 속의 명성만 존재하는 학교로 남기를 바라지 않습니다.

전설이 아닌 살아있는 전설로 끊임없이 변화하고 세상의 흐름에 역행하지 않는 학교이길 바랍니다. 미국의 하버드 대학교가 미국 최고이자 세계최고의 학교임은 누구도 인정하지 않는 사람은 없습니다. 미국이라는 나라가 건국(1776년)되기도 이전 1636년에 세워진 아주 작은 신학 대학이 세상의 흐름에 맞춰 의학전문대학, 로스쿨, 천문대, 여대 설립* 등 세상의 흐름에 맞춰 끊임없는 변화와 노력을 시도해 지금의 위치에 있으며, 지금도 그 노력을 멈추지 않고 있습니다.

외대부고가 살아있는 전설 모습을 유지하기 위해 세상의 '변화'에 둔감하지 않고, 그 생명력이 지속되는 학교가 되길 희망하며, 이탈리아 최고의 기호학자이자 평론가였던 움베르토 에코Umberto Eco가 말했던 '책은 그 책의 독자와 운명을 공유한다'는 말처럼, 독자 없는 책은 절대로 좋은 책이 될 수 없듯이, 지속적으로 외대부고를 지지하고 찾

---

* 레드클리프 대학(Radcliffe College)은 1979년에 하버드대학으로 통합되었다.
 1879년에 설립된 레드클리프 여대는 미국의 Seven sisters' colleges
 (Barnard, Bryn Mawr, Mount Holyoke, Smith, Wellesley, Vassar,
 Radcliffe) 중 하나로 지금은 하버드 대학에 소속의 학교로 바뀌었다.

는 학생과 학부모가 없다면 좋은 학교가 될 수 없다는 것을 명심하며 노력하는 교사가 되길 오늘도 나짐합니다.

책들은 독자들과 자신의 운명을 공유한다.
*Libri fata sua cum legentibus communicant.*

대한민국 최고의 아이들은 어떻게 공부하는가

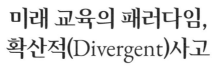

# 미래 교육의 패러다임, 확산적(Divergent)사고

변화보다 안정을 추구하는 습관,
세상이 변화하는데 왜 변화를 거부하는가?

"외대부고 학생들은 수많은 기회와 경험 공간, 교류와 경쟁을 통해 시대의 흐름을 읽는 사람Pulse-taker, 시대의 흐름을 선도하는 사람Trend-setter, 가능성의 극대화Maximizing possibilities, 다양성과 융합성 Divergence & Convergence인재로 성장하고 있습니다."

외대부고의 특징이 무엇인가라는 질문에 이렇게 답하곤 합니다. 사실 큰 틀의 특징이라 와닿지 않을 수 있습니다. 일반적으로 사람들은 구체적인 한 마디로 정의해주기를 원합니다.

예를 들면, "△△학교는 어때?"라고 물어본다면, "과학중점학교라서, 이공대학 진학하기 좋은 학교"라는 식으로 간단하게 말해주면, 더 쉽게 이해합니다. 그러나 짧고 명료한 말로 교육 현장을 정의할 수 없습니다.

세상은 무서울 정도로 변화하고 있습니다. 지금 나이가 40대후반 이전 세대라면 누구보다도 빠른 변화가 얼마나 무서운지 몸으로 겪어왔기에 아주 잘 공감을 할 것입니다.

40대 후반보다 이전 세대에게 닥친 변화를 보면, 국민학교(초등학교 이전의 명칭) 때 '변소' 또는 '작은 집'이라고 불리던 건물 밖 화장실이 집 건물 안으로 들어왔고, TV도 흑백에서 컬러로 바뀌었습니다. 프로야구가 한국에서 개막을 했고, 올림픽(1988년)과 월드컵(2002)를 경험했습니다. 공중 전화기와 전보라는 것을 주변에서 쉽게 봤었는데, 이제는 모두 우리 손 안에 있습니다.

이제는 ChatGPT라는 인공지능이 알아서 글까지 써주는 시대가 되었고, 그림도 영상도 자유 자제로 그려주는 시대가 되어서 AI가 다른 가수의 노래를 커버곡 형태로 부르기도 합니다. 빠르다 못해 무섭게 변화하지만 그래도 옛 것의 느낌을 가장 많이 볼 수 있는 곳이 바로 '학교'입니다.


몇 년 전 학교의 프로젝트 수행평가를 진행하는데 과정이 좀 많이 이상하고 납득하기 어려운 정답을 맞춘 팀 보다 과정도 훌륭하고 문제를 연결하는 방식이 좋아 오답을 제출한 팀을 더 높은 점수를 주었는데 학생들에게 심하게 항의를 받았던 경험이 있습니다.

수행평가의 목적은 과정을 잘 수행하는 것에 목적이 있음에도 정답을 맞춘 팀이 더 우위에 있다고 생각하실 수 있을지 궁금합니다. "그래도, 산초선생 당신 말이 맞아"라고 동의할 수도 있겠지만, 만약 본인이나 자녀가 직접 프로젝트에 참가해 정답을 냈는데, 과정이 부실하다는 평가를 받게 되어 점수가 깎였다는 것을 알게 되었을 때 순순히 동의할 수 있을까요?

아마도 눈에 쌍심지를 켜고 결과의 정당성을 위해 과정이 옳았다고 주장하고 새로운 이유와 핑계를 들어 이의제기를 할 수도 있습니다. 가끔은 쿨한 승복도 배워야 하는데, 우리의 살벌한 대학입시 결과를 앞에 두고 절대로 물러서지 않습니다.


요즘 아이들은 ASMR(자율감각 쾌락반응; autonomous sensory meridian response) 이라고 하여 우리 주변에 일상적인 소음을 만들어 들으면서 수학을 풀고 영어 단어를 외우는 세대입니다. 예를 들면 도서관, 스타벅스 매장 백색소음 등 입니다. 사실 그런 소리를 듣고 가능할까 싶은데 귀에 꽂고 계속 공부를 합니다. 노이즈 캔슬링 헤드폰을 이용해 주변 소음을 차단시키고 자기만의 세계를 구축한다는 의미도 있다고 합니다.

종이에 필기하기보다는 노트북이나 노트패드에 전자펜으로 필기하고, 저장하면서 퀴즈렛(Quizlet)과 같은 프로그램에 영어 단어 외울 것을 넣어두고 스스로를 테스트합니다. 노트북, 핸드폰, 아이패드를 하나로 연결해 자료를 넘겨보며, 궁금한 것은 실시간으로 대화창을 열어 친구들과 묻기도 하고 자료도 교환합니다.

원서 독해를 위해 사전을 찾아 밤을 세우는 것이 아니라 번역프로그램이나 ChatGPT를 이용해 빠르게 개인자료를 만듭니다. 줌Zoom이나 구글 미팅Google Meeting을 통해 발표도 하고 수업도 듣습니다. 시간이 없을 때는 1.2 또는 1.5배속으로 인터넷 수업을 들으면서 시간을 아끼려고 합니다. 자료를 찾을 때는 인터넷 서핑은 옛말, 개념을 습득하기 위해 유튜브 강의를 자기 입맛대로 찾아 플레이 리스트처럼 만들어 보거나 칸 아카데미Khan Academy 같은 무료 강좌를 찾아 이용합니다.

물론 스스로 하기보다는 학원에 의존하는 아이들도 있지만 만약 부모나 기성세대의 강요가 없어도 스스로의 영역을 구축하며 누구보다 잘 해내는 아이들이 대부분입니다.

아이들의 번뜩이는 아이디어로 도저히 기성세대가 엄두도 못낼 스킬의 영상편집, 감각적 음원선택, 디자인과 색감 넘치는 PPT를 만들어내는 아이들은 분명 우리와 다른 세계의 사람이라 느낄 정도입니다. 그것은 우리와 살아 온 환경과 기술 수준이 극명히 다르기 때문이기도 하겠지요. 가끔은 인터넷 기사나 광고를 통해 ChatGPT 또는 AI 프로그램로 버튼만 누르면서 편하게 모든 것을 얻는 것처럼 말하는 것을 종종 보기도 합니다. 이 책을 읽는 부모님에게 라면 AI 프로그램을 찾아 영상을 만들고 그림을 그리고 글을 써서 원하는 결과를 만들어 낼 수 있는지 직접 해보길 권합니다. 이것 역시 사용법을 잘 습득하고 많은 연습을 해야 원하는 결과에 최대한 가까이 갈 수 있습니다.

이렇게 줄줄이 다른 세상의 '별종'처럼 보이는 우리 아이들의 세대를 칠판 놓고 줄 맞춰 앉게 한 뒤에 졸거나 딴짓을 하면 혼내는 80~90

년대 교실의 모습을 지금도 유지할 수는 없습니다.

　물론 조금 더 발전한 학교는 전자칠판을 사용하고 예전보다는 발표나 프로젝트 수업을 조금 더 요구합니다. 그러나 확장성을 가지며 다른 과목과 연계하거나 심화수업을 통해 단계를 뛰어 넘고 더 깊게 파고 들어가는 것을 인정해 주는 분위기가 얼마나 있을까요?*

　무조건 대입과 연계하여 현 입시 체제에서는 교육과정 이내에 시험 주요 교과로 범위를 한정하고, 무한 반복하면서 어려운 문제 많이 다루는 것을 확장, 심화학습을 했다고 착각하는 것이 전부입니다. 그나마 학생부 종합 전형에서 비교과활동이나 계열 적합성을 살펴보며 대학의 학과 교수들이 전공에 어울리는 학생을 뽑던 비율을 줄이고, 기존의 자유전공을 무전공이라는 것으로 바꿔 인원을 늘려 뽑겠다고 합니다.

　이렇게 언론이나 인터넷을 통해 '무전공 확대선발'이라고 하는 키워드를 듣고, 많은 유투버나 소위 입시전문가를 자청하는 분들이 대학의 무전공은 특별한 전공의 연계성장 가능성을 볼 수 없으니 이제는 고등학교에서의 비교과활동에 시간을 쏟을 필요없고 오직 성적 등급 컷에 더욱 신경 쓰라는 식으로 말합니다.

　그러나 오히려 무엇을 해도 할 수 있는 가능성이 높은 사람을 선발

---

* 이 문장에서 이야기하는 것은 보편적인 사항으로 이야기하는 것임.
　경우의 수는 아주 적지만 '실험적인' 수업을 하거나,
　선생님 개인적 노력으로 놀랍고 드라마틱한 수업을 연출해 내는 경우는 분명히 있음.

할 것이니, 기존에 한두 가지의 역량에 집중한 학생보다는 다양한 역량을 가진 학생을 선발할 수도 있다는 생각이 듭니다.

대학에서 '자유전공·무전공'을 해석하는 모습이 마치 모더니즘 Modernism 시대 학자들이 과학적 합리주의 척도로 모든 현상이나 상황을 해석하려는 것처럼 보입니다. 단어에서 느껴지는 것을 절대적인 의미로 이해해서는 안 됩니다.

글자는 보편적 모호성과 이면에 있는 수많은 여러 의미를 내포한다고 말하면, 한 마디로 정의하기 좋아하는 사람들은 질색을 할 것입니다. 이면의 다양성을 인정하지 않는 '꽉 막힌 모더니즘'을 통렬하게 비판하며 포스트모더니즘Postmodernism시대를 열었던 아르헨티나의 작가 호르헤 루이스 보르헤스Jorge Luis Borges*같이 모호성을 봐야한다는 것입니다. 물론 모호성이라는 것은 부정적 입장만 이야기하는 것이 아니라, 다양성을 포괄하고 있다는 말이기도 합니다.

여기서 중요한 논점은 대학에서 '무전공=전공이 없음'이 아니라 다수의 전공을 연계할 수 있는 확장가능한 자기주도형 인재를 뽑겠다는 의도가 보입니다. 지금 그리고 미래 세상이 많은 역량을 가진 인재를 요구하고 있기 때문에 그 흐름에 맞춰 다재다능한Multi-talented 인재를 뽑으려는 노력도 엿보입니다.

---

* 아르헨티나 출신의 작가이자 철학자, 호르헤 루이스 보르헤스(Jorge Luis Borges) [1899~1986]. 제임스 조이스, 프란츠 카프카 등과 함께 20세기 문학에 가장 큰 영향을 끼친 소설가로 평가. 20세기 중반 포스트모더니즘의 선각자로 평가되며, 많은 사상가들에게 영향을 줌.

대한민국 최고의 아이들은 어떻게 공부하는가

위 이야기만 들으면 불안감만 커지며 미래의 교육 패러다임에 맞춰 무엇을 어떻게 해야 하는지 궁금해집니다. 저는 감히 "외대부고가 하는 방식으로 하면 된다!"라고 말하고 싶습니다. 새로운 시스템, 새 시대가 도래하면 싹 뜯어 고치려 합니다.

그러나 모든 변화는 이전의 기술을 업그레이드하는 방식으로 변화는 것이고 마술, 마법이 아닌 이상 완전한 새로움이 아닌 것이 대부분입니다. 그러므로 외대부고의 입장은 현 시스템 안에서 방법을 찾고, 부분적으로 필요한 업그레이드를 쉬지 않고 수정하며 미래의 교육 패러다임에 대응한다는 것입니다. 교과부분에 있어서는 기존 방식을 더욱 더 공고히 하려는 부분이 큽니다. 정규교과를 충실히 한다는 것은 제도권에서 필요한 최소의 요구사항이니 요즘 일반 학교에서 홀대 받는 비교과활동을 대하는 자세가 더욱 관건이 될 것입니다.

단순히 학생생활기록부에 기록 여부와 대입에 반영 여부로 특히 대부분 일반학교에서는 몇 년 사이에 활동 의미가 없다고 판단, 거의 시행하지 않은 것이 사실입니다. 그러나 하나만 알고 둘은 모르는 처사입니다. 앞으로 대입시험은 쉬워지고, 내신 등급은 2028년부터 9등급제에서 5등급제로 줄어듭니다. 당연히 등급 사이의 폭이 너무 넓어져 학생 선발할 때 평가 기준으로 내세우기는 쉽지 않습니다. 그럼 당연히 면접의 중요성이 커질 수밖에 없습니다. 그런 점에서 많은 활동에 참여해 보고 직간접적으로 경험하는 노력을 해야 면접을 잘 할 수 있는 역량이 생긴다는 것을 꼭 알고 있어야 합니다.

결론적으로 단순한 단선구조의 정답을 요구하기보다는 당연히 다양성·확상성Divergence를 통해 사신만의 생각으로 융합·동섭Convergence를 할 수 있는가를 이제는 요구할 수밖에 없습니다.

　외대부고는 현존하는 다양한 동아리, 연구활동, 스터디 그룹 등 연계 및 융합 활동이 잘 운영되도록 하며, 장기적 프로젝트로 과제연구활동을 통해 타인의 의견 수합하고 해결할 수 있는 메타인지Meta-cognition 능력을 향상하는 활동을 이어 나가야 할 것입니다. 미래의 새로운 패러다임은 기존의 지식이나 유산을 버리는 변화가 아닌 개선을 통한 확장성Divergence입니다.

한 권의 책만 읽는 사람이 무섭다.
*Hominem unius libri timeo.*

# 전통은 쉽게 만들어지지 않는다.

변화를 무시하라고 하는 것이 아니라,
변화 속에서 내 것을 없애는 우를 범하지는 말라는 것이다.

세상의 이치 중에서 꼭 가지고 가야 할 것을 전통으로 생각하고 철폐해야 할 것을 악습이란 말을 합니다. 하지만 악습이 존재했기 때문에 그 길을 가지 않고 바른 길로 갈 수 있기에, 앞선 단계의 존재를 부정하는 것은 안 됩니다.

모든 역사는 지금도 계속되고 있습니다. 우리 기억에는 아득하지만 학창시절 철학이나 문예사조를 공부하면서 중세시대, 낭만주의, 사실주의 등 줄 그어가면서 외웠던 적이 기억이 있을 것입니다.

마치 운전면허시험을 본 사람처럼 합격만 하면 거의 모든 내용을 까먹어버리는 듯 어느 희미한 기억으로 남아 있는 것은 모두 비슷한 텐데…. 대충 머리 속에 그려지는 시기와 희미해진 시대적 분위기는 '낭만주의'라고 할 때, 그냥 '낭만은 있었겠다' 정도로 남아 있지 않을까 싶습니다.

제 경우는 학생을 가르치고 알려주는 입장이라 매번 먼지 쌓인 책을 꺼내 늦 다시금 머리 속의 먼지를 털어내기에 조금은 덜 희미하다고 할 수 있습니다.

고대부터 포스트모더니즘*까지 이어져 오는 반복적 교차 철학사조의 중심에는 두 가지 큰 핵심적인 사상이 서로 맞교환 됩니다. 처음 기원전부터 서기 476년까지를 고대시기라 부르며, 그 중심에는 '헬레니즘Hellenism'이라 불리는 인간과 이성중심의 사상입니다. 그 다음에는 일명 '암흑시대'라고 일컬어 지는 중세시기인데, '헤브라이즘 Hebraism'이라는 신 중심 사상으로 신앙심을 강조하던 시기로 이전시기와 확연히 성격이 다르다는 것을 볼 수 있습니다. 다시 순서를 보면 '헬레니즘 - 헤브라이즘'으로 진행된 고대 - 중세 시대의 사상이 이후에 그대로 그 순서를 반복적으로 맞교대 하면서 진행됩니다.

그러면, 중세 이후에 다가오는 르네상스**'는 바로 이전의 헤브라이즘(신중심) 사상을 완전히 없애고 다시 인간 중심이 되었을까요? 그리고 이후에 반복되는 바로크, 신고전주의 등 '신 중심'과 '인간 중심'

---

\* 철학사조의 순서: 고대(~AD. 476. 인간중심), 중세(~1500. 신중심),
르네상스(~1600.인간과 신의 만남), 바로크(~1700. 모순형용·자아방어본능),
신고전주의(~1800. 평등주의·인본주의), 낭만주의(~1850. 감성, 신의 위대함 강조),
사실주의·자연주의(~1920. 실용주의·사회주의). 모더니즘(~1960. 주관적 낭만주의),
포스트모더니즘(~현재. 대중과 융화, 다양성추구)

\*\* 르네상스는 중세의 종교적 억압으로부터 인간 중심의 '현실의 즐김(Carpe diem)'
분위기 속에서 신의 축복(Beatus ille)를 소중히 여기며, 자신들의 언어(마틴루터의 종교
개혁 1518년)로 성경을 읽는 등 종교의 중요성을 버리지 않았음.

대한민국 최고의 아이들은 어떻게 공부하는가

의 사상은 바로 이전 시대의 사상을 지우고, 다시 완전히 성격을 구분하는 형태를 유지했다고 생각하면 천만의 말씀! 중심 사상이 바뀌는 것은 맞지만, 그 이전의 사상이 체제나 사상속에 스며들고 또한 머금은 채로 개선과 발전되는 융합의 모습을 보여줍니다.

비중이나 함량에는 분명히 차이가 있겠지만, 앞 시대의 사상을 철저하게 지우지 못하고 긍정적인 방향으로 통섭이 이뤄진다는 것입니다. 문학, 철학 사상 등을 통해 시대 정신을 드러내는 사조는 분명 '중심 이념'이 있기 때문에 그 기준으로 시대를 재해석하거나 재평가를 할 수 있는 일입니다.


문예사조를 통해 본 중심이념을 가지고 건학이념의 중요성으로 소개하고자 합니다. 일반적인 수험생과 학부모가 고등학교 또는 대학교를 선택할 때, 학교의 분위기와 학교 운영 철학을 파악하려는 노력을 해본다면 가장 먼저 무엇을 봐야 할까요?

학교 설립 당시, 설립자 또는 설립을 하려는 재단이 '건학이념'을 설정해 자신들이 추구하는 세상에 대한 교육을 통해 인재를 양성하겠다는 것을 이해한다면, 학교의 교육이나 운영 속에 건학이념에서 보여주려는 철학을 확인하기가 어렵지 않을 것입니다. 건학이념은 오랜 시간동안 축적되며 누구도 그것을 함부로 할 수 없는 전통 즉, 역사가 되기에 그것을 지키려 부단히 애를 씁니다. 그러니 외대부고 역시, 그 건학이념에 맞춰 운영 철학에 담려 20년간 노력해 왔고 앞으로 100년, 200년이 지나도 한결같을 것입니다. 그리고 이러한 교육이념

의 중요성은 외대부고 입학전형에서 합격을 했을 때, 합격증명서에서
나음과 같은 어구로 가슴 속에 새기도록 보여줍니다.

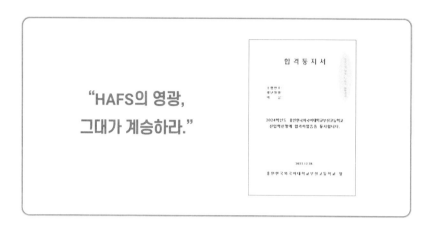

정작 한국의 중고등학교*가 5,500개 이상이고 대학**은 360개가
넘게 있는데, 학교들이 가진 전통이나 중심 철학에 진지하게 생각해
본 적이 있는지 의문입니다. 분명한 것은 명문학교이사 전통이 있는
학교들은 그 '건학이념'을 통해 학교의 운영철학을 드러내려고 합니
다. 그래서 학교를 입학하기 전에는 분명히 학교가 추구하는 바를 명
확히 알아야 학교생활에 어려움이 없을 수 있습니다. 외대부고의 건

---

* 한국교육개발원(KEDI)의 고등교육통계조사(2023) 기준, 정규교육과정 중학교 6,345개,
  고등학교 2,382개.

** 한국교육개발원(KEDI)의 고등교육통계조사(2023) 기준, 4년제 대학교 185개(분교 및
  이원화 캠퍼스 제외), 전문대학 133개, 기능대학 33개, 4년제 사이버대학 17개.

대한민국 최고의 아이들은 어떻게 공부하는가

학이념은 앞서 자세히 설명했기에 미국 보딩스쿨* 1위 학교인 필립스 아카데미(Phillips Academy, Andover), 2위인 필립스 엑시터 아카데미(Phillips Exeter Academy, New Hampshire)를 잠시 살펴보면, 공교롭게도 두 고등학교는 거의 동일한 맥락의 건학이념을 갖고 있습니다.

Non sibi(자신을 위하지 않는 삶)**
Finis origine pendet(끝은 시작으로부터 걸쳐져 있다)

위의 핵심은 '타인까지 위하는 교육'이라는 것과 '결과만 관심을 갖지 않는다'는 것을 명시하고 있습니다. 주변 사람들과 살고 있는 지역에 기여하는 인물이 되라는 것과 화려한 결과보다는 동기와 과정이 중요하다는 것입니다.

문제는 학교 건학이념 때문에 한국 학생의 경우는 입학이나 그 후에도 쉽지 않은 학교 생활을 하는 것을 간혹 보게 됩니다. 그래서 진학 상담을 할 때 학교 서열 기준이 아닌 학교에서 어떻게 생활할지를 고려하여 상담을 하는 이유이기도 합니다.

한국에서 수험생들은 무한 경쟁 속에서 남보다 1점이라도 높은 점수, 하나라도 더 화려해 보이는 수상실적으로 무장을 하려 합니다. 이

---

* 보딩스쿨(Boarding School)은 보통은 학교 기숙사에서 생활하면서 교육을 받는 고등학교를 말함.
** 라틴어 Non sibi(직역: 자신에게는 아닌)은 3인칭 재귀 대명사의 간접목적격(Dative 여격) 단수 형태인 '자신에게(Sibi)'에 부정부사인 Non(아닌)을 붙여놓은 형태임.

러한 분위기에 익숙했던 유학 준비생 대부분은 시험성적이나 외부 수상실적의 점수나 갯수에 몰입해 가끔은 옆 친구도 모르게 학원을 다니거나, 첩보활동을 하듯 비장의 카드인양 자기만의 활동 및 결과를 만듭니다. 정작, 시험기간 중에는 봉사활동이나 타인을 돕는 활동을 거의 하지 않습니다.

이타적인 정신을 강조하는 필립스 아카데미나 필립스 엑시터 아카데미 입학처에서는 학교 건학 중심이념을 기준으로 이러한 자기 중심적인 실적만을 가진 한국의 지원자들에게 높은 점수를 주지 않는 것이 사실입니다. 주변도 돌아보고, 결과만을 보지 않는 이같은 철학은 다양성과 차이를 포용하고 학문적 호기심을 해결하는 것을 강조합니다. 물론 수업방식도 토론과 협력 중심이라는 것은 너무나도 유명합니다. 이는 미래의 세계를 이끌어갈 인재에게 가장 필요한 덕목이라고 판단하기 때문에, 필립스 아카데미(1778년)와 필립스 엑시터 아카데미(1781년) 개교 이래 미국 최고의 고등학교로 그 명성을 계속 유지해오는 저력을 보여주고 있으며, 미국의 수많은 정치, 경제 유명인사를 배출한 명문학교로 누구나 희망하는 학교가 되었습니다.


"진짜? 누가 건학이념을 실현한다고 학생을 선발할 때, 학교운영 방식을 고려한다고?"
"꿈보다는 해몽이 너무 긴 것 아니야?"


살짝 실눈을 뜨고 의심할 것 같지만 정말 미국 명문 대학교가 위와 같은 고등학교에서 '이타적인 자세'를 가지고 있고, '포용적'이고 토론*을 좋아하는 학교 생활이 중요하다는 것을 공식적으로 발표하기도 했습니다. Google 검색 창에 아래와 같이 찾아보길 바랍니다.

Turning the tide**, Harvard

미국의 하버드대학교에서 지원하는 학생에게서 무엇을 느꼈으면, 이러한 글을 공식적으로 발표를 했을까요?

2016년 'Turning the tide'를 발표하기 전까지만 해도, 저 역시 학생들을 미국 명문대학에 진학시키기 위해 '실적위주, 성적위주'를 강조했었던 것이 사실입니다. 2016년 이 글을 보고 한참 생각했습니다.

'무엇인가 잘못되었는지, 내가 아이들에게 무엇을 어떻게 하고 있었지?' 그때부터 저 역시 Turning the tide가 공개한 글에 충실하려고

---

* 필립스 엑시터 아카데미의 토론 수업은 'Harkness table(타원형 테이블)'이라고 불리는데, 이는 교사와 학생이 서로 테이블에 앉아 토론하는 방식으로 수업하는 모습에서 유래한 의미임.

** 2016년 하버드(Harvard) 대학교는 '대학 입시 과정을 통해 학생들에게 타인에 대한 배려와 공동체에 대한 책임감을 고취(Inspiring Concern for Others and the Common Good Through College Admissions)'하라는 차원의 글(Turning the tide)을 발표함. 2016년 발표된 이 글은 미국 150개 이상의 명문 대학에서 이를 전형 주요 고려 사항으로 다루었음을 보고(2022년)함.

외대부고 학생들의 사회공헌적 활동* 경험과 토론 및 교류의 실천**
에 정말 혼신의 힘을 다하고 있습니다. 아직 글을 찾아보시 못한 분들
을 위해 Turning the tide(2016) 내용중 구체적 권고 사항 3가지를 소개
합니다.

1. 타인에게 더 의미 있게 기여를 하고, 지역사회·공동체 서비스
   와 공공의 이익을 위한 활동에 참여하는 것을 장려 Promoting
   more meaningful contributions to others, community service, and
   engagement with the public good.

2. 학생들의 윤리적 참여와 타인에 대한 기여를 평가할 때, 다양한
   인종, 문화, 계층에 걸친 가족과 지역사회·공동체의 다양한 기여
   유형을 반영하는 방식 고려 Assessing students' ethical engagement
   and contributions to others in ways that reflect varying types of family
   and community contributions across race, culture, and class.

---

\* 2016년 용인외대부고와 용인시의 MOU체결.
  이를 통해 지역사회 소외계층학생을 위한 SR(Social Responsibility, 사회공헌)
  Camp를 외대부고 학생들과 수업준비, 운영을 했으며, 외대부고 법인과
  유관기관(외대어학연구소)의 지원으로 전액 무료로 실시함.
  이후 현재까지, 용인특례시, 경기 광주시, 경기 구리시, 강원도 평창군, 대구 동구청,
  경북 영주시, 충남 당진시와 MOU협약으로 SR캠프가 방학 때마다 시행되고 있음.
\*\* 유네스코 네트워크학교의 등록(2014) 지도교사로 2017년 제 1회 유네스코 모의유엔 대회
  개최를 시작으로 중단없이 경기도 제 2권역(성남시, 용인시) 소속 학교 참가를 대상으로
  연합행사를 주관하고 있음. 코로나 시기에도 온라인 대회 방식 개최로 중단 없이 운영됨.

대한민국 최고의 아이들은 어떻게 공부하는가

3. 전통적으로 소외된 학생들을 위한 공평한 기회를 보장하고 과도한 성취 압박을 줄이는 방향으로 성취의 개념을 재정립 Redefining achievement in ways that both level the playing field for traditionally underrepresented students and reduce excessive achievement pressure.

위 3가지 큰 주제에 대한 세부 사항이 모두 존재하는데, 큰 방향은 위 3가지와 방향을 함께 하는 것을 제시하고 있으니, 꼭 'Turning the tide, Harvard'를 찾아 확인하길 바랍니다. 그리고 2016년에 발표한 'Turning the tide I'이 수많은 대학입학 담당자에게 반향을 일으킨 가운데, 학부모와 대학입시를 돕는 고등학교 선생님들을 위해 2022년에 'Turning the tide II'를 추가로 발표했는데, 그 큰 주제는 아래와 같습니다.

부모와 고등학교가 대학 입시 과정에서 윤리적 인성을 함양하고 스트레스를 줄일 수 있는 방법
How Parents and High Schools Can Cultivate Ethical Character and Reduce Distress in The College Admissions Process

위의 내용을 소개했음에도 수많은 학생과 학부모는 역시나 엄청난 실적과 성적만으로 학생의 합격가능성을 이야기하기 때문에, 역시나 이러한 걱정을 담아 '시즌 2'에서 구체적으로 기존 행동을 만류하면서 결과에만 집착하지 말라는 메시지를 보내는 것입니다.

거의 140명의 대학 입학처장들이 지지한 새로운 혁신적인 성명은 고등학교가 Turning the Tide의 목표를 신선시키는 데 있어 더 큰 자유를 누릴 수 있도록 하고, 부모들이 자녀가 인상적인 성과를 쌓지 못하면 불이익을 받을 것이라는 두려움을 해소시켜려는 것

New, pioneering statement endorsed by almost 140 college admissions deans that seeks to give high schools greater freedom in advancing Turning the Tide's goals and to allay parents' fears of short-changing their child if they don't amass impressive achievements.

물론 위에서 언급하는 하버드대학교를 비롯한 140여 곳 대학은 미국의 전통 있는 대학으로서, 학생의 올바른 성장을 강조하는 학교이기 때문에 '인성' 측면을 매우 강조하면서 왜곡된 스펙을 쌓지 말라는 것입니다. 그렇다고 실력을 연마하거나 특별한 호기심을 해결하는 학문적 노력을 게을리하라는 것이 아니니 오해 없이 잘 이해하시길 바랍니다.

명문 고등학교의 '건학이념'에서 출발한 이야기는 대학의 '선발 및 운영철학' 그리고 미래 사회 인재로의 성장까지 이야기했습니다. 명문학교들이 가지고 있는 저변의 교육철학과 의도를 잘 이해한다면, '좋은 대학에 ◇◇명 합격, 최고 입시사관학교'라는 달콤한 유혹보다는 '올 곧은 전통'을 고수하고 교육철학을 실현하려는 진정한 명문 학교로 진학하여 그 영광을 계승하는 사람이 더 좋지 않을까 합니다.

넌 이 표식 안에서 승리하리라.

*In hoc signo vinces.*

# 형만 한 아우는 없다.

기록은 깨지고, 새로운 것은 계속 만들어진다.
하지만 앞선 노력과 수많은 시행착오가 너를 만들었다.

입학홍보부장으로 학모님 앞에서 순전히 학교 자랑으로 시작하는 경우가 있습니다. 환호하면서 좋아해주는 사람들도 있지만 한편으로는 학력주의를 조장하는 것이라 경계하는 분, 제대로 나온 수치인지 통계가 이상한 것은 아닌지 의심하는 분들도 있습니다.

마음속으로는 매번 입학 설명회를 진행할 때마다 입학부장으로서 부담감은 매우 큽니다. 의심하는 사람들에게 부정적 반응을 긍정적인 반응으로 변화하기 위한 '진정성'과 '지속성'이 필요하기 때문입니다. 외대부고가 소위 요즘 잘나간다고 소문이 있으나 사교육처럼 서울대반, 의대반 운영, 기숙학원처럼 입시사관학교를 자청하거나 엄청난 교육비, 교재비를 요구하지도 않습니다. 그저 교육기관으로 시대적 소명을 가지고 모범적인 학교로 설립이념의 교육철학을 담아 끊임없이 노력과 고민을 쉬지 않고 있습니다. 그 자부심이 외대부고를 존재하게 합니다.

미국은 건국 이후, 귀족제에 의한 부와 교육기회의 세습을 타파하고자 토마스 제퍼슨<sup>Tomas Jefferson</sup>*이 고등교육의 중요성을 하였고 고향인 버지니아주에 공교육 시스템을 제안, 도입하려 했으나 결국 이루지 못했습니다.

그 이후 화학자이자 하버드대학교 총장 출신인 코넌트<sup>James Bryant Conant</sup>**가 고등교육을 일컬어 '기회의 조정자'와 '사회적 상승엔진' 역할이라고 강조했습니다. 수많은 대통령들이 고등교육의 중요성을 강조하고, 세계교육을 선도하고 있다고 여겨지는 미국에서도 해결 못하는 것이 고등교육입니다. 대한민국에서는 외대부고가 공교육 명문학교 중 선도하고 있다고 자평합니다.

---

* 미국의 3대 대통령 토마스 제퍼슨(Thomas Jefferson, 1743-1826).
  '이상적 고등교육을 통해 부와 태생에 따른 귀족제에 의한 세습적 사회를 극복하고, 그 고등교육의 잘 설계된 교육시스템이 가난한 계층 사이에서 천재적인 젊은이를 골라 낼 수 있는 기제가 될 수 있다'고 보았다. [참고: Notes on the State of Virginia (1784), edited by William Peden (Chapel Hill: University of North Carolina Press, 1954), Queries 14 and 19.]

** 23대 하버드대학교 총장 제임스 브라이언트 코넌트(James Bryant Conant, 1933-1953). 고등교육은 대학을 갈 수 있게 하는 기회의 조정자이며, 좋은 대학을 진학해 신분의 상향으로 저소득 계층에서 고소득 계층으로 이동하도록 해주는 밑거름이 된다고 강조함. 'Education for a Classless Society(계급없는 사회를 위한 교육)'을 강조하며, "고등교육은 모든 사회경제적 배경의 유능한 학생들에게 열려있어야하며, 그들이 학비를 댈 능력은 따지지 말아야 한다"는 점을 강조했으며, '귀족, 인종, 종교, 특권학교' 출신에게만 열려있는 미국명문대학에 능력중심 인재를 선발하도록 SAT시험을 기획한 인물임.

외대부고는 학교가 소속된 지자체의 지역인재*를 총 모집 인원 중 30% 선발을 하고 있으며, 또한 전체 모집인원의 20%를 사회통합전형**으로 선발을 함으로써, 특정 엘리트 체제 세습의 타파를 위해 능력주의 체제에 가까이 있으며, 미국의 특정 시험(SAT)을 통해서 점수나 등급결과에 따른 선발***이 아닌 학생의 특성을 에세이를 기초로 하는 심층면접을 통해 그 과정의 참여 및 기여, 자기주도적 의지와 성장가능성을 평가하고 선발합니다.

현대 사회에서 부의 기준으로 보이지 않는 계층을 나누는 것은 숨길 수 없는 사실입니다. 세대가 바뀌어도 변화하지 않는 미국사회의 고질적인 계층 분화 인식을 끊어줄 수 있는 대안으로 고등교육으로부터 대학교육까지 이루겠다는 노력을 해왔으나 역시 쉽지 않은 현실****

---

* 외대부고가 소속된 '용인특례시'에 지원시점으로 1년 이상을 부모 모두와 함께 거주해야하고, 용인특례시 내에 있는 중학교를 지원시점으로부터 1년이상을 재학하고 있어야 지원자격이 됨.

** 사회통합전형은 '기회균등 전형 대상자'와 '기회다양성 전형 대상자'로 구분되는데, '국민기초생활 수급자부터 도서벽지 거주자, 다자녀 가정, 순직 군경 자녀'에 이르기 까지 교육기회를 다양하게 주겠다는 교육정책 일환의 전형임.

*** 미국 역시 SAT 초기에는 교과성적을 대체하며, 특정고등학교 성적 결과에 따른 선발이 아닌, 성장 가능성을 판별할 목적으로 미국 육군에서 시행하던 IQ 테스트와 유사한 시험으로 만들었으나, 그것이 대학입시를 좌우하는 평가시험으로 변질되었다.

**** 미국의 가장 경쟁률이 높은 대학 146개 대학의 연구 결과, 74%의 학생이 사회 경제적 상위 25% 가정 출신이며, 하위 25%에 속하는 가정 출신의 학생은 3%정도만 존재함.[참고: Carnivale and Rose. 'Socioeconomic Status, Race/ Ethnicity, and Selective College Admissions.' p.106, Table 3.1.]

대한민국 최고의 아이들은 어떻게 공부하는가

입니다. 그러나 대한민국에서는 외대부고를 비롯한 특목고에서 시행하는 사회통합전형 대상자 전형은 이러한 기준을 넘어 '사회적 상승엔진'으로서 역할을 아주 잘하고 있다고 평가할 수 있습니다.

외대부고는 2005년부터 숱한 변화와 노력으로 대한민국 최고의 고등학교로 성장해왔고, 계속해서 변화해 가고 있음을 아래 연혁을 통해 소개합니다.

**2005년 한국외국어대학교부속외국어고등학교**
- 대한민국 최초 관학 연합, 사립외국어고등학교

**2008년 한국외국어대학교부속용인외국어고등학교**
- 교명에 관학연합 명시 (용인시·한국외국어대학교)

**2011년 용인한국외국어대학교부설고등학교**
- 대한민국 최초, 외고에서 자사고로 전환

**2019년 계열 상관없이 통합선발**
- 국제·인문·자연 계열별 지정인원 없이 통합선발

**2025년 학점제 시작**
-대한민국 전체 고등학교의 변화 그리고 외대부고의 도약

위의 변화와 노력, 자신감으로 가끔은 이렇게 말하는 사람이 있습니다.

"한국외국어대학교의 명성보다 외대부고의 명성이 더 높은데?"

가끔 또 이렇게 이상하게 말하는 사람들이 있습니다.

"아버지가 아들을 많이 닮았네요!"

이 무슨 해괴망측한 소리인가요? 아버지가 없었다면 아들이 없는 것은 당연한 이치인데, 잘난 아들을 두고, 나중에 아버지가 닮는다는 말은 너무도 심한 말이 아닌가 싶습니다.

한국외국어대학교를 설립한 '동원육영회 학교법인*'은 6·25 전쟁이 발발해 1953년 7월 27일 정전협정이 있기전까지 난리통에 1952년에 학교법인 인가를 받고, 1953년 4월에 개교를 결정해 '동양대학'으로 학교를 준비했습니다.

휴전 협정이 있던 7월이 지날 때, 당시 이승만 대통령의 '외국어 능력' 인재 양성의 필요성에 맞춰 '한국외국어대학' 이름을 가지고 1954년 1월에 첫 출발을 하게 됩니다. 이후 동양최대의 외국어대학, 세계 3대 통번역대학원 등 어려운 사회적 분위기 속에서도 도전을 끊임없이 해냈으며, 이러한 노력은 대한민국이 세계 속에 우뚝 설 수 있는 '동력 엔진'의 역할을 수없이 해왔음을 배출된 동문들 활약으로 증명해 주었습니다.

그 기여도 높은 역할을 국내에서 보다 미국에서 먼저 인정한 것일까요? 2012년 3월 26일 한국에서 전 미국대통령 버락 오바마가 처음

---

* 1954년 '한국외국어대학' 설립당시는 '한국육영회'라는 이름으로 재단법인이 설립인가를 받음.

으로 대학에서 연설하게 된 것을 두고 한국외국어대학교가 엄청난 로비를 했다고 말하는 사람들이 있는데, 한국외대는 1954년 이후로 외국어를 기반으로 인재양성 소임을 묵묵히 해왔고, 그 인재양성 노력이 당시 미국 오바마 정부가 강조했던 교육의 중요성*과 맞아 떨어져 선택받은 것입니다. 이러한 학교법인 동원육영회의 인재양성 노력은 2004년 '사이버한국외국어대학교' 설립, 그리고 2005년 '한국외국어대학교부속외국어고등학교' 설립을 통해 그 확장성을 고등교육에까지 넓히려는 노력 모습을 보여주며, 지금의 '외대부고'가 탄생 이유입니다.

외대부고를 두고 한국외국어대학교 70년 학교역사에서 제일 잘한 일이라고 치켜 세우는 사람들이 있는데, 제일은 모르겠지만 설립한 공로는 정말 고마워해야 합니다. 가끔 외대부고, 전국 1위에는 성장을 위해 지원을 아끼지 않은 수많은 교수님, 직원, 선생님, 지자체 관계자 그리고 정작 이것을 계획하고 어려움 속에서 변화를 위해 돈을 투자하고, 노력과 시간을 투자한 법인 재단이 있습니다. 그리고 대한민국이라는 좋은 환경과 시대를 잘 타고 난 행운도 함께 있을 것입니다.

모든 것은 앞서 어려운 시대에 고생하며, 세상 풍파를 헤치고 지금까지 도전을 멈추지 않는 한국외국어대학교의 경험과 교육의 폭을 온

---

* 미국 44대 대통령 버락 오바마(Barack Obama). '오로지 교육만이 불평등의 해답. 미국 노동자들이 겪는 경제적 곤경의 해답을 고등교육에서 찾았다'
  [참고: Barack Obama, 'Remarks at Pathways in Technology Early College High School in New York,' October 25, 2013.]

라인 세상까지 넓혀 캠퍼스 너머 더 큰 캠퍼스를 만드는 사이버한국외국어대학교의 개척자적 경험이 지금의 외대부고HAFS가 있도록 해준 것입니다. 아마도 본교 법인재단은 멈추지 않을 것입니다. 지금도 초중등교육으로 그 확장성을 넓혀 교육의 패러다임을 넓혀가려 끊임없이 교육을 선도해 나가려는 모습을 볼 수 있습니다. 이러한 외대부고가 정말 대한민국 고등교육의 성장엔진 모델로서 화수분이 되도록, 저 역시 이 자리에서 대한민국 아이들을 키워낸다는 보람으로 묵묵히 노력할 것입니다.

어린 소는 나이 든 소로부터 밭 가는 것을 배운다.
*A bove maiore discit arare minor.*

# 교사가 말하는
# '진짜 공부'의 본질

가끔 공부에도 우선순위가 있다고,
당연한 비중과 차이가 있다고 믿는다.
무엇이, 왜, 어떻게…

대한민국 최고의 아이들은 어떻게 공부하는가

학창 시절을 겪어본 사람이라면 모두가 자연스럽게 주요과목을 열심히 공부하라고 하면 모두 소위 '국영수'라고 생각합니다. 가끔은 왜 이것이 당연하지라는 생각이 들기도 합니다.

외국어 영역은, 제1외국어는 영어이고 제2외국어는 일본어, 중국어, 독일어, 러시아어, 베트남어, 스페인어, 아랍어, 프랑스어 등 그 중에 선택을 해야 하는 것으로 너무도 자연스럽게 생각을 하는데 외국어면 외국어지 제1외국어, 제 2외국어는 무엇일까요?

그럼 제3외국어는…? 그냥 다 외국어인데, 아마도 외국어 안에서도 주요 외국어와 기타외국어로 당연하게 분류합니다. 주요과목과 나머지 비주요과목으로 나누는 관행은 비중 없는 과목이나 신경 쓰지 않아도 되는 과목으로 분리가 되는 순간, 계산에 빠른 학부모와 학생에게 있어서 그 인식의 차별을 받습니다.

본질적으로 학교 교과성적 GPA<sup>Grade Point Average</sup>는 우수성의 증명인가, 성실성의 증거인가를 판단할 때, 상급학교에서 다른 시각으로 접근할 것입니다. 지원자의 교과성적 중에서 심화과목을 공부했는지 그리고 어떻게 선택과목을 설정해서 자신의 관심분야와 능력을 보여주려 했는지를 계열 적성 또는 적합도를 살펴봅니다. 한국에서 대학이나 선발 고등학교에서 특정 교과목만 반영한다고 언급하면, 학생들은 그 과목에만 초점을 맞추고 나머지 과목에서는 힘을 쭉 빼는 경향이 있습니다. 혹자는 너무도 효율적인 학생이라고 칭찬하겠지만 기타 과목 선생님 입장에서 애들을 괴롭히는 과목으로 취급하는 것이 맞는지 따져볼 필요는 있습니다. 그래서 입시에서 성적 반영을 명시적으로 제시하는 경우는 당연히 어쩔 수 없지만, 만약에 명시한 과목 외의 다른 과목 성적이 아주 좋지 않은 것을 입학담당관이 알았을 때는 정성평가 범주에 들어가지 않을까요?

혹시나 노파심이기 때문에 오해는 안 해주었으면 좋겠습니다.

대학교에서 수시 전형 중에 학생부종합전형은 크게 살펴보는 3가지로 학업역량, 진로역량, 공동체역량이 있는데, 주요과목의 성적과 주요과목의 세부 특기사항만 보는 것은 분명 아닙니다.

자사고를 진학하는 경우 5개 교과 국어, 영어, 수학, 사회, 과학 성적만 제출하고, 나머지 과목 성적은 가리고 제출하게 되어 있지만, 언급한 5과목 이외의 전 과목 교과 세부능력 및 특기사항은 제출이 되고 있습니다. 만약 성적평가 5개 과목만 열심히 하고 다른 교과를 소홀히 했다면, 이외 과목의 교과 세부능력 및 특기사항 기록이 과연 긍정적으로 기록되기는 어렵다고 봅니다. 대입 학생부종합전형에서 보는 3가지 역량의 하위 내역을 다시 한번 구체적으로 살펴보면,

- 성적의 결과를 통해 볼 수 있는 것은 "**학업성취도, 전공관련 교과이수 노력, 교과 성취도**"
- 세부능력 및 특기사항 기록을 통해 볼 수 있는 것은 "**학업의지, 협업, 소통능력, 리더십, 성실성**"

 

교사도 사람이니 돕고 싶은 아이와 관심이 안 가는 아이도 분명히 있을 것입니다. 어떤 학생의 성실성과 진실성 바탕의 노력을 관찰했다면 아마도 서로 도와주려고 하지 않을까요. 하지만 특정과목에서만 열심히 하고 기타과목에서 너무도 성의 없는 모습으로 일관한다면, 그 학생의 역량을 제대로 강조해줄지 확신할 수 없습니다.

 

어느 정도 이상의 내신결과를 가지고 있다면, 결국 내신 성적은 '성실성'을 본다는 점 잊지 않아야 할 것입니다. 물론 기계적인 성적으로 아이를 뽑는 교과전형은 다른 관점의 이야기이니 오해 없길 바랍니다.

진정한 인재를 보는 생각은 다 다를 수 있는데 남들이 모두 하고 있으니 그곳에서 승부를 내겠다고 덤벼드는 사람이 똑똑하고 현명한 인재는 아닐 수 있습니다. 모두가 검사, 의사가 최고라고 하니 로스쿨, 의대로 간다고 하는데, 산초 선생이 보는 인재상은 이렇습니다.

"남들이 잘하려 하지 않는 길에 도전하여 빛을 발휘하는 사람이 진정한 인재이다."

방식은 부드럽게, 일은 강하게.

*Suaviter in modo, fortiter in re.*

# 바람직한 HAFS 학생의 모습

누구에게나 좋은 충고나 지침은 행하기 어려워 하는 말이겠지만,
세상의 빛이 되려는 넌, 노력해주길.

외대부고 7분의 선생님을 모시고, 대담을 진행했습니다. 대담의 사회는 필자가 맡고, 영어과목 두 분 선생님과 국어, 수학, 과학, 사회, 외국어 각 선생님이 참여하셨습니다. (지면으로 질의하고, 답변 내용에 따라 대담형식으로 재구성해서 기록)

**산초선생:** 오늘은 현시점에서 '바람직한 학생의 모습'에 대해 논의해 보려고 합니다. 선생님들께서 생각하시는 이상적인 학생의 모습을 말씀해 주시길 바랍니다. 먼저 조선생님부터 말씀해 주시겠습니까?

**조선생님:** 네, 감사합니다. 저는 학생들이 바른 인성을 갖추는 것이 중요하다고 생각합니다. 학습적인 면에서 어느 정도 갖추었다는 전제하에, 다른 사람을 배려하고 존중할 줄 아는 학생

이 바람직합니다. 인성이 바른 학생은 어디서나 존경받고, 더불어 학업에도 긍정적인 영향을 미친다고 생각합니다.

산초선생: 옳은 말씀이세요. '바른 인성'을 중요한 요소로 언급해 주셨습니다. 다음으로 정선생님 말씀해 주시죠.

정선생님: 저는 자기조절과 정서적 관리가 가능한 학생이 바람직하다고 생각합니다. 학생들이 스스로 감정을 잘 조절하고, 스트레스를 효과적으로 관리할 수 있다면, 학업뿐만 아니라 전반적인 삶의 질도 높아질 것입니다. 이는 어려운 상황에서도 침착하게 문제를 해결하는 능력으로 이어질 수 있습니다.

산초선생: '자기조절과 정서적 관리 능력', 아주 중요한 능력이라고 생각합니다. 김선생님, 이어서 말씀해 주세요.

김선생님: 상호존중의 중요성을 강조하고 싶습니다. 학생들이 서로를 존중하고 배려하는 태도를 갖춘다면, 건강한 학습 환경이 조성될 수 있습니다. 또한, 외유내강의 자세로 겉으로는 온화하지만, 내적으로는 강인한 의지를 지닌 학생이 바람직하다고 생각합니다. 그리고 '호학불권', 즉 배움을 좋아하고 게으르지 않은 태도도 중요합니다.

산초선생: '상호존중과 강인한 의지, 그리고 배움에 대한 열정'까지

말씀해 주셨습니다. 최선생님은 어떻게 생각하시나요?

최선생님:  저는 학생들이 세계로 향한 글로벌 리더의 꿈을 가질 수 있도록 격려하고 싶습니다. 다양한 문화와 언어에 대한 이해를 바탕으로 국제적인 감각을 키우는 것이 중요합니다. 이를 통해 학생들이 글로벌 무대에서 활동할 수 있는 역량을 갖추기를 바랍니다.

산초선생:  '글로벌 리더의 꿈'을 가지는 것도 중요하군요. 홍선생님, 이어서 말씀해 주세요.

홍선생님:  내신 성적에 관계없이 한 가지 분야에서 두각을 나타내는 학생이 바람직하다고 생각합니다. 모든 과목에서 우수한 성적을 거두는 것도 중요하지만, 자신이 진정으로 좋아하고 잘하는 분야를 찾아 그곳에서 두각을 나타내는 것이 더 중요하다고 봅니다.

산초선생:  그렇군요, '각자의 강점'을 찾는 것이 중요하다고 저도 생각합니다. 윤선생님, 어떻게 생각하시나요?

윤선생님:  저는 겸손, 정직, 그리고 성실함이 중요하다고 생각합니다. 학생들이 겸손한 태도로 배움에 임하고, 정직하게 자신의 행동을 반성하며, 성실하게 노력하는 자세를 갖춘다면, 이

는 그들의 미래에 큰 자산이 될 것입니다.

**산초선생:** '겸손과 정직, 성실함'까지 중요한 인성 측면 강조해 주셨습니다. 마지막으로 이선생님 말씀해 주세요.

**이선샘님:** 저는 학업과 진로 관련 전략적 의사결정을 능숙하게 하는 학생이 바람직하다고 생각합니다. 학생들이 자신의 목표를 명확히 설정하고, 이를 이루기 위해 계획을 세우고 실천하는 능력을 갖추는 것이 중요합니다. 또한, 친사회적 학습자로서 다른 사람들과 협력하고, 공동체의 일원으로서 책임감을 갖는 것도 중요합니다.

**산초선생:** 요즘 결정장애가 학생들 사이에 만연한데, 이선생님의 '전략적 의사결정'이라는 말이 아주 중요한 요소로 강하게 와닿습니다.

7분 선생님들의 의견을 청한 뒤, 재구성된 대담 내용을 종합하면, 바람직한 학생이란 가장 기본이 되는 학업 및 자존감을 장착한 상태에서 학문적 성취를 넘어서 바른 인성과 자기조절 능력, 상호존중과 글로벌 리더십, 특정 분야의 전문성, 겸손과 정직, 성실함, 그리고 전략적 의사결정 능력을 두루 갖춘 학생이라 생각합니다.

이러한 덕목들은 학생들이 미래 사회에서 중요한 역할을 수행할 수 있도록 하는 밑거름이 될 것이며, 모든 학생들이 이러한 방향으로

대한민국 최고의 아이들은 어떻게 공부하는가

성장할 수 있도록 학교선생님들이 함께 노력해야 할 것입니다.


실제로 현실이 될 때까지 그렇게 행동하라.

*Crede quod habes, et habes*

# 미래를 향한 교육의 방향

교육은 말로만 하는 것이 아니라
직접 실행하고 현실을 반영해야 한다.


'이번 정권에는 어떤 교육 정책으로 끌고 나갈까?'

사람들은 대통령이 교체될 때마다 걱정합니다.

더 심각한 것은 일관성과 예측 가능성인데 간혹 교육부와 교육청이 박자를 함께 맞추지 못합니다. 교육 대통령이라는 칭호가 있는 지역 교육감들의 미래를 위한 제안은 '백년지대계'라는 말을 무색하게 합니다. 국가와 사회발전의 근본초석이자 동력이기 때문에 '백년 앞을 내다보는 큰 계획'이라는 말처럼 빠른 사회 변화에 따라 교육체제 및 방법도 변화를 요구하고 있습니다.

하지만 기존 교육방법이나 현실을 고려하지 않는 변화는 교육현장의 어려움만 만들 가능성이 높습니다. 현실을 고려하면서 미래를 대비하기 위해 우리 교육체제가 어떻게 변화해야 하는지에 대한 학교 역할과 교육제도 적용에 대해 몇 가지 의견을 제시하고자 합니다. 일단 정치적 의미나 교육부 또는 교육청의 방향을 거스르자는 것은 더욱 아닙니다. 교육 현장에서 보는 필요한 사항을 7분의 본교 선생님 말씀을 정리하여 소개하고자 합니다.

학교가 입시 결과만을 강조하지 말고 학생들의 작은 선행도 많이 홍보하고 소개해야 한다고 생각합니다. 학생들이 학업 성취뿐만 아니라 사회적 책임감과 도덕적 인성을 갖추도록 하는 것이 중요합니다. 작은 선행을 널리 알리고 칭찬함으로써 학생들이 더 나은 사회 구성원이 되기 위한 동기를 얻을 수 있을 것입니다. 많은 외부요인으로 흔들리는 학생들의 인성 교육이 더욱 중요하다는 것입니다. 특히 전문가 특강 등 아이들이 큰 그림을 그릴 수 있도록 주제를 선정하고, 정서적 발달을 위한 프로그램을 확충해야 한다고 봅니다. 학생들이 다양한 분야의 전문가로부터 배울 수 있는 기회를 제공하여 그들의 시야를 넓히고, 정서적 발달을 위한 프로그램을 통해 감정 조절과 스트레스 관리 기술을 배울 수 있도록 지원해야 합니다.

공부 잘하는 것을 하나의 재능으로 인정하고 칭찬해 주고 북돋워 주는 교육이 필요하다고 생각하지만 성적뿐만 아니라 비교과 분야도 충분히 존중하고 칭찬해야 합니다. 예술, 체육, 기술 등 다양한 분야에서 뛰어난 재능을 보이는 학생들도 동일한 존경과 격려를 받아야 합니다. 무엇보다 수월성 교육(교육의 질적향상을 말하며 엘리트 교육이라 볼 수 있다)과 평등 교육의 장점을 모두 인정하고 상호보완 하는 교육이 필요합니다. 정치 변화에 따라 급격히 변하지 않는 안정된 교육체제를 유시하는 것도 중요합니다.

그렇게 되려면 학생들이 다양한 분야에서 자신만의 꿈을 키우고 발전시킬 수 있는 자유로운 환경이 필요합니다. 이러한 틀 안에서 교육과정과 교육방법이 이루어져야 한다고 봅니다.

현재의 교육 현실을 반영하지 못하는 수능을 폐지를 논의하고 새로운 입시 도구를 개발하는 것이 시급합니다. 수능은 학생들의 창의성과 다양한 능력을 평가하기에는 한계를 보이는 것이 사실입니다. 왜 수시의 종류는 여러 방식으로 만들면서, 시험 방식은 한 가지로 고정시키는지에 대한 고민을 하면서 보다 다양한 평가 방식을 도입하여 학생들의 잠재력을 공정하게 평가할 수 있는 시스템이 필요합니다.

이와 함께 정량화된 평가와 정성적 평가가 좀 더 균형을 이룰 수 있는 교육 환경이 필요하다고 생각합니다. 이를 위해서는 교육 제도, 교육 과정뿐만 아니라 교사 대 학생수, 환경 등에 획기적인 변화가 필요합니다. 작은 교실 크기와 충분한 교육 자원을 통해 개별 학생들에게 더 많은 관심과 지도를 제공할 수 있어야 합니다. 더불어 함께 학생의 수의 급감, 저출생에 따른 직업 및 연구 환경 변화는 고교 교육에도 지대한 영향을 미치니 학교의 역할도 변해야 합니다. 지식의 주입 기능에서 학습 촉진자로서 역할로 전환해야 하며, 다양한 학교 체제로의 확장 가능성을 고려해야 합니다. 홈스쿨링, 원격교육 등 다양한 교육 형태가 될 수도 있고, 학생이 선택할 수 있도록 다양한 교과목을 개설하고, 원격교육강의와 공동 교육과정을 운영해야 합니다.

교육체제는 안정적으로 유지되면서도 학생들의 꿈을 키울 수 있는 자유로운 환경을 제공해야 하며, 현재의 수능 단일방식을 대체할 새로운 여러 입시 도구를 개발하여 창의성과 다양한 능력을 평가하는 방향으로 가야 할 것입니다. 학교는 정량화된 평가와 정성적 평가의 균형을 맞추고, 교사 대 학생 비율과 교육 자원을 개선하여 개별 학생들에게 더 많은 관심과 지도를 제공할 수 있는 환경을 조성도 필요합니다.

교육체제는 지식의 주입보다는 학습 촉진자로서 역할을 하며, 홈스쿨링, 원격교육 등 다양한 교육 형태를 고려하여 다양한 교과목을 개설하고 원격교육과 공동교육과정을 운영해야 하며, 이를 통해 학생들이 자신의 꿈을 키우고 사회에 긍정적인 영향을 미칠 수 있도록 지원하는 교육 환경을 만들도록 해야 합니다.

말은 가르치고, 행동은 끌어 당긴다.
*Verba docent, exempla trahunt.*

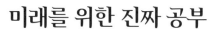

# 미래를 위한 진짜 공부

공부는 경험론자의 말이 맞을까?
아니면, 합리론자의 말이 맞을까?

　외대부고의 50대 중반의 산초 선생님과 30대 초반의 조선생님의 대화를 통해서, 요즘 외대부고 선생님들이 생각하는 교육의 방향성과 더불어 '진짜 공부'를 위해 어떤 자세를 취해야 하는지 들여다 봅시다.

**산초선생님:** 선생님, 학교 오신지 얼마 안되었는데, 정말 열정적으로 수업하시고, 아이들 한 명, 한 명 응대하는 모습이 너무 인상적이네요. 힘들지 않아요?

**조선생님:** 힘들긴요. 아이들과 수업하면서 아이들이 자신을 드러내고 이야기하는 모습에 무엇이라도 하나 더 잘 챙겨줄 수 있는 방법이 있는지 항상 궁금할 뿐입니다.

162　　　　　　　　대한민국 최고의 아이들은 어떻게 공부하는가

**산초선생님:** 선생님을 두고 이야기하는 것은 아닌데, 요즘 젊은 선생님들을 두고 "교직에는 희망이 없다. 딴 생각 많이 하고, 개인주의가 팽배하다."라고 많이 인식하고 있는데, 선생님은 그런 모습이 전혀 보이지 않아 놀랍기도 한데, 고민은 없는지요?

**조선생님:** 많은 선배 선생님들이나, 조금 나이 있는 분들에게는 '요즘 애들' 책임감도 없고, 학생들에게 관심 주기 보다는 자신을 위해서만 사는 젊은 MZ라고 말씀하시는데, 그렇게 전체를 싸잡아 말하기에는 제가 아는 대부분의 동료 젊은 선생님들은 '선생님이라는 직업에 아이들에게 최선을 다하며 수업하고 호흡하는 사람들이 더 많다'는 것을 말씀드리고 싶어요.

**산초선생님:** 선생님 말씀 들으니 오히려 제가 대부분의 선생님이 그렇다고 생각하고 있는 사람 같아 미안한 마음이 드네요. 선생님이 수업할 때, 교실 옆을 지나가면 아이들과 웃고, 활기차게 수업하는 모습, 그리고 수업자료로 만들어 아이들에게 주는 것을 보면, 우리 선배 교사들이 한참 배우고 흉내라도 낼 수 있어야 하는데라는 생각이 듭니다.

**조선생님:** 아이고, 과찬의 말씀을 해주시네요. 저는 오히려 선생님이 아이들에게 하나하나 상담해주고, 아이들의 글쓴 내용을

첨삭해주시면서 아이들과 함께하시는 모습을 뵙고, 아이들에게 어떻게 미래를 설계하도록 교육을 해야 하는지 신생님의 생각을 듣고 싶은 생각이 많이 들었습니다. 혹시 어떻게 아이들에게 상담해주시면서 동기부여 해주시는지 알려주실 수 있을 지요?

산초선생님: 제가 말씀드리기 전에 조선생님의 행동과 모습은 그 자체로도 충분히 아이들의 동기부여가 될 수 있을 것같아요. 아이들에게 무조건의 강요보다는 '이해와 재미'를 주려고 하시잖아요. 일단, 선생님의 그런 모습이 아이들에게 새로운 아이디어를 도출할 수 있는 밑거름으로 충분하다고 봅니다. 가끔은 사람들은 '행동주의자'처럼 무엇이든 경험, 참여가 없으면 실체가 없다면서, 무조건적 참여와 암기를 강요하는 경우가 많아요. 그런데, 그것은 정말 무서운 트라우마가 될 수 있어요. 실질적으로 '깊은 사고와 이해, 그리고 흥미'를 가지게 되면 무한 생성될 수 있는 아이디어는 나타나게 되고, 그것에 흥미라는 동기가 실천으로 만들어 질 수 있거든요.

조선생님: 저도 선생님의 말씀에 동의하는 부분은 수학을 공부할 때, 공식을 암기하고 적용하는 것이 아니라 그 도출되는 방법의 원리를 이해하고 그것을 왜 사용하는지 흥미를 느끼게

되면 그것의 적용과 활용을 자유자재로 하고, 생전 보지 못했던 문제에도 적용해 문제를 풀어내는 사람 내면의 능력, 즉 무한 응용이 그런 것이 아닐까 생각하는데, 제가 제대로 이해한 것일까요?

**산초선생님:** 그렇다고 실제 경험을 절대 무시할 수 없는 영역도 분명히 있어요. 살아가면서 가장 외로워 보이고, 안쓰러워 보이는 것이 '혼자'이고, 누군가와 함께하지 못하는 모습인데, 이 부분은 몸으로 부딪히며 여러 아이들과 섞일 수 있는 경험이 절대적으로 필요해요. 그래서 저는 경험 활동(Activity)을 많이 강조해요. 동아리, 프로젝트 등을 많이 하면서, 소통능력을 키우고, 조금 양보할 줄도 아는 아이로 성장해야 지식도 함께하는 지식으로 활용되었으면 한다는 것이죠.

**조선생님:** 말씀하시는 부분은 '전인적 성장'을 말씀하시는 것으로 이해하면 될지요. '인성, 사회성, 도덕성'의 함량이 필요하다고 하시는 것이 맞는지요?

**산초선생님:** 네, 정확해요. 다른 사람을 이해하고, 소통이 가능한 인재가 미래의 진정한 리더가 아니겠어요. 그러한 인재가 되려면 기계적인 인간관계보다는 '사람을 생각하며, 소통하는 인재'가 정답이 아니겠어요?

조선생님: 요즘처럼 외동아이로 커온 아이들에게 정말 중요한 것이 아닌가 생각이 드는데, 혹시 자기주도적 학습이라는 것에 대한 선생님의 고견이 있으신가요?

산초선생님: '자기주도'로 계획하고, 과정을 이끌어 갈 수 있다면, 너무 좋죠. 그런데 아이들이 정말 하고 싶고, 자신의 삶 안에서 필요한 것에 대해 활동하기 보다는 조금은 입시에 유리해 보이는 입시에서 많이 다뤄지는 것에 활동을 맞춰서 '자기주도'를 강요하는 경우가 있어요.

조선생님: 너무 어려운데요. 그러한 활동이 어떤 것인지, 아이 모두에게 적용되려면 어떻게 해야 할지 좀 막연한 생각이 드는데, 노하우가 있으신지요?

산초선생님: 쉽지 않죠. 그리고 '가치있다'고 판단되는 것이 가끔은 상급학교의 입학사정관들에게 부합되는지 생각을 안 할 수는 없으니까요. 그런데, 아이들에게는 막연하게 어려운 수학이 하기 싫다고 느껴질 때, 옆에 있는 어른이 "그런 것은 실생활에는 돈 계산만 잘하면 되지 별로 쓸모가 없어."라고 해주는 순간, 모든 동기부여와 과제 집착력은 다 사라져 버리잖아요. 가급적 아이들이 공부하며 관심을 가지는 것이 어떤 분야에 어떻게 적용되고, 그것의 적용이 꼭 필요하다

대한민국 최고의 아이들은 어떻게 공부하는가

는 점을 조금은 어려운 분야라 할지라도 알려준다면, 관심 분야의 의미와 가치를 알면서 스스로에게 동기부여가 시작되지 않을까 싶어요. 물론 쉽지 않죠.

**조선생님:** 부모나 주변 어른들의 노력도 필요하다는 말씀이시네요. 저도 담임으로서 좀더 아이들에게 상담내용이나 피드백을 위해 더 노력해야겠다는 생각이 듭니다. 오늘 말씀해주신 것이 어쩌면 당연한 것일 텐데, 어떻게 아이들에게 이러한 것을 해줘야 할지 고민하는 시간을 좀더 가져야겠다는 생각을 하게 합니다.

미래의 주역이 될 우리 아이들이 진짜 공부'는 무엇인지, 30대에 처음 시작한 교직 생활의 제 생각을 쫓아 50대인 지금 제가 내면에 있는 30대의 저에게 묻는 형식으로 대화를 가상으로 구성해보았습니다.

노암 촘스키Noam Chomsky*가 경험론자들의 '작용-반작용' 필요성에 대해 반박하며 했던 이야기가 있습니다. 인간의 내면 기저에 있는 무한함을 만들어 낼 수 있는 원동력은 배워서만 할 수 있는 것이 아니라 배우지 않은 것들도 무한히 만들어 낼 수 있고 이해할 수 있다는 점입

---

\* 노암 촘스키(1928년생). 현 MIT 언어학과 명예교수. 기존의 구조주의 문법을 반박하는 변형생성문법을 창안안한 학자. 인류의 뇌에는 언어 습득 장치(Language acquisition device)라는 고유한 기능 장치가 존재하며, 그 장치에는 보편문법(Universal Grammar)이란 원리가 작용하고 있다고 정의, 모든 인류의 언어는 기본적으로 보편적인 기제에 의해 작용하며 언어는 인간의 고유한 특성임을 강조함.

니다.

 물론 아무것도 없는 상태에서 무한한 능력을 요구하라는 말이 절대 아닙니다. 아이들에게 가장 기본이 되는 것을 알려주는 것은 중요합니다. 기본까지도 알려주지 않고, 무한 응용하라는 것은 어쩌면 어른으로서 책무를 회피하는 것으로 보이니 말입니다.

 아이들에게 자기주도, 동기부여, 흥미유발, 과제 집착이 생겨 시간 가는 줄 모르게 활동을 즐길 순간이 되기 전까지 아이들이 하는 행동이나 관심이 얼마나 유용하게 현실과 연계되는지 안내하는 것이 우리 어른들의 몫임을 잊지 말아야 합니다.

 지금 이 순간에도 선생님과 부모에게 정말 필요한 것은 '말이 아닌 행동 *Acta non verba*'이 아닐까 하는 생각이 듭니다. 당장 아이가 관심을 있는 것이 무엇인지 가까이 다가가 봅시다!

지혜는 살아가는 기술
*Sapientia est ars vivendi.*

대한민국 최고의 아이들은 어떻게 공부하는가

# 외대부고캠프, 그 시작의 힘

'믿음이 큰 결실을 이루었다'는
말을 들을 때마다 더 큰 노력을 다짐하게 됩니다.

많은 부모님들이 아이들의 다양한 경험을 위해 노력하고 있습니다. 이제는 초등학생 때부터 새로운 곳에서 다양한 사람을 만나고 성장하길 바라고 있습니다. 삶이란 과정 속에서는 누군가와 함께 부딪히고 성장하는 것이니 당연한 것이죠.

2011년은 마침 용인외고가 외대부고로 전환되는 중요한 시점이었는데, 단순히 수익 모델 프로그램은 아니었습니다. 이는 수없이 외대부고 입학설명회 초반에 취지를 설명한 것처럼 외대부고가 전국형 자사고로 자리 잡는 데 큰 역할을 한 버팀목이자 학교의 발전을 지탱하는 중요한 축이었습니다.

외대부고가 가장 선호하는 인재는 무언가에 대해 끊임없이 탐구하고 토론하며, 자신의 재능을 마음껏 펼칠 수 있는 사람입니다. 교과 성적에만 매달리는 사람보다는 학교에서 배운 지식을 바탕으로 세상의 이치를 탐구하고, 자신의 호기심을 확장해 나가는 학생을 원합니다. 단순히 몇 등을 했는지를 신경 쓰는 결과 중심보다는 대회나 프로젝트 참여를 통해 얻는 경험과 성장이 더 중요하기 때문입니다. 이러한 인재를 성장시킬 동기부여를 위해 외대부고는 HAFS 캠프를 기획하고 준비했습니다. 아이들은 영어 토론, 프로젝트, 단체 생활, 디지털 디톡스, 규칙적인 습관 만들기 등을 통해 다른 사람들과 소통하고 협력하며, 부족한 점을 채우고 넘치는 부분을 나누는 능력을 키웁니다.

건학이념의 세계 시민 육성에는 언어가 바탕이 있습니다. 아무리 번역기과 AI가 나온다고 하더라도 사람과 서로 마주보고 대화하면서 느끼는 감정과 뉘앙스까지 상응할 수 없습니다.

기본적으로 많은 부모님들이 외대부고 캠프에 자녀를 보내는 이유 중 하나는 영어 능력 향상입니다. 하지만 외대부고 캠프는 영어 말하기, 쓰기, 문법 등의 실력을 향상시키는 순수히 외국어 리터러시 Literacy* 기본 교육이 목표가 아닌 자신의 생각을 전달할 수 있는 도구로 생각합니다. 외국어 교사로서 '외국어 교육'의 효율을 높일 수 있는 가장 좋은 방법은 내가 언어를 써먹을 수 있다는 생각을 하게 될 때, 그 언어 학습에 관심과 의지를 가지고 열심히 공부하게 됩니다. 시험을 위해, 그냥 학교에 개설되어 있는 과목이니 어쩔 수 없이 공부한다는 것으로 결코 언어의 벽을 넘지 못합니다.

외국어 교육을 중시하는 외대부고는 글로벌 인재, 세계 시민, 세계

---

* Literacy(리터러시)는 '글을 읽고 쓸 줄 아는 능력'을 말함.

적인 석학, 세계적인 의사, 세계적인 경영인으로 성장하는 인재교육을 하겠다는 것이기에 '수단'으로써 외국어는 미래 삶의 폭을 넓게 만들어준다는 것을 강조합니다. 그래서 역시나 HAFS 캠프에 참가한 초등학생부터 중학생까지 조금 더 언어의 필요성을 인지하고, 토론 속에서 자신의 생각을 말하고, 상대의 생각을 듣고 반박하거나 자신 의견과 결합시켜 더 논리적이고 집단지성을 갖추는 인재로 성장하기를 바라는 외국어의 필요성을 강조하는 방향으로 교육을 구성합니다.

HAFS 캠프는 단순히 외국어 학습을 넘어 스스로 계획하고 협력하는 능력을 기르는 데 중점을 둡니다. 집에서 평소에 쉽게 접하는 디지털 환경(핸드폰, 컴퓨터, 테블릿, TV 등)으로부터 벗어나서 자기주도적으로 할 수 있는 것을 느끼고, 성장기에 좋지 못한 습관을 바로잡아 주는 것도 캠프의 기본 취지이기도 합니다. 무엇보다 방에서 게임하거나 학원에 치여 혼자 노는 것에 익숙한 아이들이 또래 친구들과 생활하고 협력하면서 타인과 연대하고 성장할 수 있다는 생각을 열어주는 것이 바로 캠프의 큰 목적입니다. 사실 3주라는 짧은 기간 동안 언어 능력을 크게 향상하고 배양한다는 것은 어려울 수 있으나, 캠프를 통해 외국어의 필요성을 인식하고 다른 사람들과 소통하는 능력을 키우며 잘못된 습관을 고쳐나가는 계기가 되는 것입니다.
무엇보다 자기 동일시 하려는 부모님으로부터 벗어나 자신의 정체성을 찾는 작은 기회가 되었으면 합니다. 우리 부모의 존재는 훗날 아이들이 멋지게 '독립'하는 것임을 잊지 않으셨으면 합니다. 아이의 자존감이 자기주도성으로 연결된다면 스스로 공부하는 것은 결코 어려운 일이 아닙니다.

그 밖에 캠프기간 내 학교 캠퍼스에서 방학기간에 잔류하면서 활동과 공부를 하는 외대부고의 재학생들이 공부하는 모습을 보며 "나도 할 수 있다"는 마음을 품습니다. 이런 경험은 아이들의 꿈을 자극하고, 그런 모습을 간접적으로 본 부모님들 역시 그 열정을 공유하게 만듭니다.

외대부고의 교육 철학과 HAFS 캠프의 성공적인 운영은 부모님들과 학생들의 큰 성원을 받았습니다. 이러한 성과를 바탕으로 조기교육의 중요성을 모두가 공감하며, 방학 때만 이루어지는 교육이 아닌 길게 아이들을 성장시킬 기회를 나누고자 2023년에는 '리틀 외대부고 Little HAFS'라는 이름으로 영어 유치부가 개원했고, 2025년부터는 국제 대안학교 형태의 HIFS 초등학교가 운영을 시작할 예정입니다. 이는 단순히 영어 교육을 넘어 학생들이 자신이 관심을 가진 분야를 탐구하고, 글로벌 인재로 성장할 수 있도록 돕는 중요한 발판이 될 것입니다. 2011년에 시작했던 HAFS 캠프는 단순한 캠프가 아닌, 미래를 준비하는 작은 시작이었습니다.

네 시작은 미약할지라도,
네 마지막은 크게 번성하리라.(욥기 8:7)
*In tantum ut si priora tua fuerint parva et novissima*

*tua multiplicentur nimis.*

대한민국 최고의 아이들은 어떻게 공부하는가

대한민국
최고의 아이들은
어떻게 공부 하는가

# 변화된 세계,
# 교사와 부모의 역할

무엇보다도 가장 큰 힘은
관심과 사랑인 것을 아는데…

대한민국 최고의 아이들은 어떻게 공부하는가

루트비히 비트겐스타인Ludwig Josef Johann Wittgenstein이 언급한 '내가 사용하는 단어의 한계가 내 사고의 한계' 때문인지, 아니면 제 필력의 생명력의 아쉬움을 뒤로 하며 다시 의지를 불태워 봅니다. 괜히 아는 척 모든 것을 다 할 수 있는 척해도 현실 속 어려움을 겪는 평범한 사람 중 하나입니다.

쉬지 않고 변화하는 세상 속에 적응하려는 사람이자 교사로 부모로서 어떤 자세를 취해야 하며, 어떻게 더 인간적이며 보람찬 삶을 살면서 후회가 없을지 제 주위를 눈 여겨 둘러보곤 합니다.


첫째, 외대부고 선생님으로서 우리 주변에서 아이들이 어떻게 잘 성장해야 할까요? 그리고 그들에게 나는 무엇을 해줄 수 있는지 이야기 해보고자 합니다.

둘째, 항상 "맹목적인 사교육은 안 된다. 최고의 학생이 되려면 이렇게 해야 한다"고 하지만, 부모로서 정작 내 아이에게는 똑바로 하고 있는지 반성하는 마음으로 글을 써보고자 합니다.

물론 성공가도만 달리는 학생을 바라보는 것이 아니라 어려움을 겪는 학생의 고민, 입시에서 실패한 학생에 대한 위로와 극복할 수 있는 마음가짐에 대해서도 좀 바라보려 합니다.

최근에 담임을 해본지가 오래되어 감이 떨어져 있을 수 있지만 내가 학생이라면 이 선생님이 고3 담임이면 좋겠다고 생각한 분의 글을 한편 올려보고자 합니다. 그리고 산초 선생의 자녀에 대한 교육 그리고 그 생활을 겪어본 아빠를 바라보는 딸의 입장까지 소개해 보고자 합니다.

모범이 돼야 하는 어른이지만, 저 역시 세월을 살아가면서 '실수를 통해 배운다 *Errando discitur*'라는 말을 깊이 새기며, 실수를 인정하고 항상 변화할 마음의 준비를 하며 있다고 말하고 싶습니다.

사랑은 모든 것을 이긴다.
*Amor vincit omnia.*

# 학생들에게 필요한 교사의 자질

성취란 어려움이 있어야 성취임을
마지막에 웃을 자신을 믿어봐.

"자존감, 세상에서 내가 얼마나 소중한 존재이고, 나는 (     )를 하고 싶다."

괄호 안에 무엇을 채워 넣어가는 것은 우리 아이들의 몫입니다.

잠시 나는 쉬었는데, 내가 해야 할 것은 이미 저만치 앞서가고 있습니다. 내 속도에 맞춰 따라 가려고 하지만 주위의 눈치가 보이기도 합니다. 외대부고에서 근무하면서 봤던 아이들은 전국의 특별한 아이들의 집합이기에 아이들은 매우 다를 것이라고 사람들은 생각합니다. 세월이 지나보니 수학하나 더 잘 풀고, 영어 단어 하나 더 알고 있는 것 같지만 외대부고에 있는 아이들도 세상의 속도가 부담스럽고 자기가 하고자 하는 것을 찾는데 힘들어 하는 아이들이 숱하게 있습니다.

이 글을 쓰고 있는 것을 바라보는 독자라면, 산초선생은 "외대부고에서 거의 교직을 3분의 2 이상을 보냈는데, 다양한 아이들을 어디서

볼 수 있겠어?"라고 말할 수 있습니다. 반은 맞고 반은 틀립니다.

일난, 외내부고에서 정말 '내 아들이' 또는 '내 딸이' 저렇게 컸으면 좋겠다고 생각할 만큼 대단한 아이들을 너무 많이 본 것은 사실입니다. 하지만 대부분의 대단한 아이들 사이에서 힘들어하는 아이도 있습니다. 특히 지금까지도 계속 이어오고 있는 앞서 말한 본교의 '영어캠프'는 초등학교 5학년부터 중학교 2학년 아이들이 1년에 2번 여름과 겨울 방학마다 많은 아이들이 참여하고 있으며, 그 아이들을 3주 동안 가장 가까운 곳에 바라보고, 들어주며 그 시선이 어디를 보고 있는지 함께 봅니다.

2011년부터 10년을 넘게 이런 생활을 해왔으니 외대부고 속에서 다른 아이들을 바라볼 수 있는 가장 좋은 여건을 가지고 있으니 어떻게 아이들을 바라봐야 하는지 기준도 나름 생겼습니다. 외대부고 캠프가 시작될 때, 멘토 역할을 위해 면접하고 선발된 대학생을 대상으로 초기 인성교육을 맡아 다음과 같이 당부의 말을 합니다.

"캠프에 참여한 아이들을 앞에서 그리고 제일 가까이에서 생활을 돕는 사람들이 바로 너희 대학생 멘토이기 때문에 진심으로 아이들을 아끼고 그들이 변화할 수 있게 도와줘야 한다. 그리고 아이들에게서 눈을 떼지 말고 안전하게 생활하도록 지원하면서, 많은 친구들과 함께 어울릴 수 있도록 용기를 계속 북돋아 주도록 노력해라."

아이들이 혹시나 다른 아이들보다 진도가 늦을 수도 있고, 시험성적이 덜 나올 수도 있고, 과도한 경쟁으로 다른 친구와 다툼의 순간까지 갈 수 있는데 유심히 살펴보라고 합니다.

결국 처음 만난 또래와 집단 생활을 하고 문제를 해결하며 경쟁을 해보는 경험을 해보는 것인데, '못하면 어떻게 해? 돈을 내고 갔는데 돈 값을 해야지!' 하는 부모님이 혹시 계시다면, 외대부고 캠프와 같은 곳에는 절대로 보내지 말아야 합니다.

제 교직에 조금 숫자를 보태 30년 동안 느낀 것은 시간이 조금 늦는다고 능력이 없는 것은 아니라는 것을 알았고 자존감을 가진다면 언제든 향상될 수 있는 기회는 많다는 것도 알았으며, 진짜 공부는 '열정'을 갖는 분야로 그것이 수학, 영어가 아니라, 노래나 춤도 될 수 있다는 것을 스스로 느끼고 혼신의 힘을 다하도록 격려해 줘야 한다고 봅니다.


왜곡된 의견을 공식처럼 믿어왔던 7080 세대의 부모들에게


"SKY, 최소 인서울은 가야 그나마 괜찮은 곳에 취업이 된다."
"문과라면 변호사, 이과라면 의사 되야지."
"10분만 더 공부하면 아내 또는 남편이 바뀐다."
"대학을 가야 좋은 직장에 취직하고, 결혼도 잘 할 수 있다."


더 이상 우리 부모 때 이야기는 유효하지 않습니다. 교사로 아이들에게 해줄 수 있는 최고의 역할은 다음과 같다고 생각합니다.

"학생과 소통하며, 아이의 꿈을 갖도록 들어주고 응원해야 한다."

"아이에게 가장 필요한 것은 선생님의 관심이다."

"아이의 성향을 파악해 그에 맞는 속도를 응원해 줘야 한다."

"모든 아이들의 속도가 같기를 바라는 것은 잘못된 인식이다."

물론 전국에 있는 교과 교사이자 담임 역할을 하는 교사라면 필요한 기본에 충실해야 하는 것은 맞습니다. 학력신장을 위해 높은 수준부터 아주 의외에 낮은 수준까지 아이들의 눈높이에 맞춰줄 수 있는 이해를 할 수 있게 해주는 수업능력과 아이들이 원하는 진학 또는 진로를 지원하기 위해 조사와 연구하며, 상담역할 자질을 갖추는 점은 너무도 당연한 것입니다.

조금 앞서 있는 교사로서 아이들에게 해줄 수 있는 최고의 역할에 하나를 더 추가하면 '실패'에 대한 두려움 또는 극복에 대한 부분을 꼭 말하고 싶습니다. '시험, 입시'에는 합격과 불합격이 존재하는데, 해보기도 전에 '실패'를 생각하면서 스트레스를 받는 아이들, 자신 있게 도전을 했으나 '실패'를 해서 세상을 다 잃은 것처럼 힘들어하는 경우를 너무 많이 봤습니다. 불합격 소식에 슬픔을 교사로서 어떻게 위로를 해줘야 할지 고민이 너무 큽니다.

이렇게 상담을 하고 지원을 하고 합격과 불합격을 경험하지만 보통 어떻게든 자기 자리를 찾아갑니다. 무엇보다 자신의 길을 찾는 시간의 차이, 실패의 아픔을 극복할 수 있는 것은 누군가의 위로와 보상보다도 '자존감'을 가진 자신이라는 것을 말하고 싶습니다.

외대부고에 합격하는 학생보다 불합격하는 학생이 더 많습니다. 앞서 말한 외대부고 방학 캠프의 대학생 멘토들은 명문 대학 학생들이 많은데 방학 동안 훌륭하게 자신의 임무를 소화해 냅니다. 그 대학생 멘토들이 내게 와서 이런 이야기를 많이 합니다. 외대부고에 불합격하고 슬럼프는 있었지만 자신의 능력이 외대부고생 못지 않다는 것을 보여주기 위해 노력하였고 만족스런 대학에 입학하여 학교 생활을 잘 하고 있다는 말을 듣곤 합니다.

그들이 그렇게 할 수 있었던 힘은 결국 '자존감'입니다. 학생들이 무수한 변화 속에서 비교되고, 실패 속에서 슬픈 경험을 하는 경우는 100년을 살아가는 인생에서 이 때를 잘 견디려면 정말 강한 '자존감'이 형성되어야 할 것입니다. 그래서 교사의 수많은 역할 중 우리 아이들에게 '자존감'을 가질 수 있는 환경을 조성해주는 것이 최우선입니다.

온통 복잡하고 힘든 세상에 어려운 일이 아무리 많아도 회복탄력성을 가질 수 있는 자존감. 그것을 가질 수 있게 해주는 것이 AI가 할 수 없는 교사의 차별화 된 능력이라 생각합니다.

<br>

## 자신에 대한 신뢰

*Fides in se ipso*

# 아빠 산초가 바라보는 부모의 자세

태어날 때는 손가락 열 개, 발가락 열 개로
건강하게만 태어나기를 기도했는데…

부모 입장에서 아이를 바라볼 때, 가장 힘든 것이 무엇일까요? 가끔 주말 근무를 할 때, 아이를 데리고 가려 학교에 온 부모님들의 모습을 볼 때가 있습니다. 딸과 손을 잡고 대화하며 걸어가는 아빠, 덩치도 큰 아들이 엄마 팔짱을 끼고 졸졸 따라가면서 활짝 미소 짓는 모습을 볼 때 부럽기도 합니다.

아이 셋 키우는 부모로서 누구보다도 다정하게 아이들을 대한다고 말하지만 중학교를 들어간 아이들은 어느 녀석도 제 근처에도 오지 않고, 정말 다른 언어를 사용하는 사람과 같이 있는 듯한 느낌을 받기도 합니다. 내가 무엇인가 한참 잘못하고 있는 것은 아닌가 싶기도 합니다.

학교 교육은 얼마나 또 잘 받았는지 뭐라고 하면 차별이네, 아동학대라며 경찰을 운운하는 초등학교 시절 아들을 이해하려면 결국 말

싸움이 되고, 고구마를 10개 먹은 듯한 답답한 제 자신을 보곤 했습니다. 학교에서 아이들과 소통 잘 되는 선생님이라고 자부하다가 집에 오면 세상에서 가장 꼰대 같은 아빠로 변해 있고, 그런 취급받는 나는 도대체 무엇을 하고 있는지….

아이의 눈높이에 맞춰 생각하고 이해해 주려는 부모가 되기 위해서 어떻게 해야 하는지 고민이 깊어집니다. 우선 욕심을 버려야 한다는 것에 모든 사람이 공감하지만 그렇지 못하는 것이 현실입니다. 있는 그대로 서로 믿어주는 관계를 형성해야 하는데, 이 부분이 제일 힘든 것 같습니다. '그래, 널 믿는다'는 말을 아이에게 강요하듯 포장해 버리는 우를 많이 범하는 것은 분명 '욕심'입니다.

세상을 먼저 살았고 인생의 희노애락, 세상의 이치, 돌아가는 판세를 직접 느껴 온 부모 세대는 본인이 하지 못한 것, 이렇게 했으면 그때 누군가 이렇게 잡아주었으면 생각에 본인 자식에게는 그리 엄격해집니다. 한편으로 '내가 너를 위해 모든 것을 희생하고, 최선을 다해주고 있다'는 착각을 하는지 생각해 봅니다.

일단, 저 역시 위의 말을 피해갈 수 없으니 스스로 질문을 던져보는 시간을 가져봅니다.

부모가 자신의 자녀에게 해줘야 하는 가장 기본 생활과 의무교육에 대한 제공으로만 한정한다면 대한민국에서 살아가는 부모에게는 그리 어려운 일이 아닐 수 있습니다. 아이가 어른이 되었을 때, 원망과 후회를 갖지 않게 하기 위함일지도 모릅니다. 많은 부모들은 그래서 아르바이트라도 뛰어서 자녀에게 필요한 것을 사주거나 학원을 다니게 해주려고 애쓰는 모습을 종종 봅니다. 그런데, 그것이 자식을 위한 노력인지 아이가 원하도록 부모가 만든 강제 상황인지 생각해볼 필요가 있습니다.

부모의 사전적 의미는 '아버지와 어머니를 동시에 아우르는 말로 집에서 자녀를 돌보아 주는 사람'이라 하는데 정말 감정 없는 수많은 존재 중 하나로만 보입니다. 어쩌면 한국어가 말하는 부모는 우리 한국사회의 경쟁이 투영되어 그 고뇌가 더 있었을 수 있다는 생각을 하게 됩니다. 설명을 덧붙이면, 라틴어 동사의 parere(복종, 순종하다)의 현재 분사형 parens(순종하는)의 명사화로 만들어진 단어, '복종해야 하는 존재'라는 의미이며, 과거 로마시대에서부터 어휘를 이렇게 썼다는 것이 그때도 부모와 자식 간의 소통이 얼마나 힘들었을지 2천 년 전 문장에도 고스란히 남아있습니다.

만약 부모님이 합당하다면, 넌 부모님을 사랑해라.
만약 의견이 다르다면 참아라.
*Ames parentem si est aequus, si aliter, feras.**

아이들이 친구들과 그렇게 밝게 수다를 떨다가도 부모를 만나 이

---

* Publilio Siro 기원전 85. 로마시대 작가.

야기할 때, 말투나 표정의 변화는 드라마틱하게 싹 바뀝니다. 결국 아이들도 말이 통하는 사람들과 안 통하는 사람들을 구별하고 있음은 분명합니다. 너무 오래되어 적용도 못할 시대의 기준의 생각, 주변 사람의 자녀들과 비교, 사회적으로 인정받는 직업이나 학력에 대한 생각 등 겉으로 드러내지 않아도 그런 생각이 고정관념으로 굳어졌습니다. 내 아이에게 훈계와 조언을 가장한 강요, 말을 들어준다고 하면서 아이 말에 계속 반박하면서 소통이 가능한 사람인가 반성하게 됩니다.

이제부터 내 아이가 무엇을 좋아하고, 현재 무엇을 하려고 하는지 소통을 시도하기 전에 마음은 좀 비우고, 동기와 과정의 노력과 보람이나 즐거움을 느끼고 있는지도 살펴봅시다.

아이가 말하는 것을 듣고, 마구 칭찬하며 아쉽지만 평가는 나중에 합시다. 그리고 취조하듯 하는 말마다 팩트 체크하듯 동기, 과정도 따지지 말고, 세상의 부모들에게 부탁합니다. 그냥 열심히 한 사실만으로 칭찬해주고 본인이 원하는 것이 있다면 찾도록 기다리고 도움을 요청하면 그때 도와주면 어떨까 싶습니다.

분명 "책임 없는 소리, 저렇게 해서 대학이나 보내겠어?"라고 화살로 돌아오겠지만, 그럼에도 교직생활을 20년을 넘게 하고 아이를 셋을 키우면서 느꼈던 것은 '자식은 내 맘대로는 절대 안 된다'가 결론이기도 합니다. 본인이 느껴서 하려 하고, 스스로 아파하면서도 끝까지 노력하면 처음에 호랑이를 그리려고 했다가 고양이가 될지언정 그림은 그립니다. 게다가 자신에게 후회 없이 생각했던 진로로 가고 있으면 결과가 어떻든 아픈 방황은 덜 하기도 합니다.

반대로 자신의 결정이 아닌 다른 사람의 생각을 투여해 제 것인 줄 알고 정신 없이 뛰던 아이가 다른 길에서 가고 있다고 자신을 발견하는 순간, 과거 시간을 부정하고 되돌리기에 너무 멀리 와 있어 힘들어하기도 합니다.

우리 아이가 처음 태어날 때, 손가락, 발가락 열 개로 태어나 건강하기만 기도했습니다. 첫 발을 떼면서 아장아장 걸을 때 느꼈던 그 감정이면 무엇이든 다 응원해 줄 수 있을 겁니다.

인터넷 신문이나 TV뉴스에서 '초등 의대반'을 운영하고, 초등학교 아이들이 개념수학, 쎈 수학이나, 자이 스토리 책을 들고 다니면서 풀어내는 것으로 기뻐하는 부모들. 부모Parents라는 단어보다는 사랑Amor를 주는 존재인 것을 다시 생각해 봅시다.

'자식에 대한 사랑은 헤아릴 수 없다. *Amor filii nulla est mensura.*' '소통'은 조건 없는 사랑을 하고 있는 부모가 제일 잘 할 수 있는 것, 저도 글자로만 이해하는 척하지 않고 가슴으로 되새겨 봅니다.

어떤 것도 자식보다 사랑스러운 것은 없다
*Nihil est amabilius quam filii.*

대한민국 최고의 아이들은 어떻게 공부하는가

# 외대부고 고3 담임이 본 학생들

허진*

롤러코스터 같은 입시,
아이들과 함께 희망과 좌절을 반복하며 성장한다.

대한민국 입시를 최전선에서 가장 실감하고 있는 고 3 담임을 여러 해 겪으며 느끼는 감정은 마치 롤러코스터와도 같습니다. 8년 전, 고 3 담임을 처음 맡을 때였는데 새 학기를 시작하는 3월에 학생들과 함께 희망찬 말로 긴장을 풀고 다짐을 했습니다.

"우리 모두 다 할 수 있어!"

저의 희망찬 응원에 힘입어 학생들도 긴장된 표정에서 결의를 다지는 듯한 단단한 표정을 보여주면 진짜 다들 할 수 있으리라는 생각이 들기도 했습니다. 상담을 하면서 학급의 학생 하나하나가 원하는 바가 무엇인지 알고 이를 꼭 이루길 응원하는 입장에서 아이들의 활

---

* 외대부고 교사. 생명과학 담당. 외대부고 국내 진로 고3 담임.

동 하나하나가 생활기록부에 잘 스며들 수 있도록 노력하지만, 수능이 다가올수록 아이들이 쏟아 부은 열정과 간절함에 비해 현실은 냉혹하기만 했습니다.

수시를 쓸 때는 아이 하나하나가 다 붙을 것 같았고 수능을 치르기 전까진 모두 다 만점에 가까운 점수를 받지 않을까 했는데, 실제로는 '수시 6광탈'이 허다하고 평소 모의고사 성적보다 낮은 수능성적을 받는 아이들도 많습니다. 한순간에 희망찬 기대감이 허탈함으로 바뀌는 순간입니다.

'내가 뭘 잘못 했었나? 아이의 바람을 잘못 해석했나?' 하며 생각하고 있는데, "선생님! 합격했어요!"라며 한 학생이 찾아옵니다.

합격한 아이를 마주한 순간, 마치 내가 그 아이가 된 것 마냥 길길이 날뛰며 함께 축하합니다. 그리고 떨어진 다른 학생을 다시 마주하면 언제 그랬냐는 듯 위로해주고 같이 속상하고, 다시 가야 할 길과 과정을 응원할 수밖에 없습니다. 진심으로 기뻐서 웃고, 안타까워하는 것이 하루에도 몇 번이나 짧은 간격으로 반복되다 보니 '원래 내가 이렇게 감정 기복이 심했나?'하고 생각이 들 정도입니다.

졸업식을 하고 아이들의 미래를 응원하며 떠나 보내면, 모두가 가진 모든 열정을 쏟은 빈 교실에서 느껴지는 공허함은 뭐라 표현할 수 없을 정도로 쓸쓸합니다.

'이런 감정 기복이 처음이라 그렇겠지… 조금 더 경험이 많아지면

괜찮아질 거야' 그러나 8년째 여전히 동일한 감정선을 따라가는 것을 보면 입시에선 무뎌짐이란 없는 듯합니다.

주변이나 언론에서는 요즘 아이들은 조숙하여 마냥 아이로 보면 안 된다라는 말을 종종하곤 하지만 입시를 준비하는 아이들을 바라보고 있노라면 여전히 아이입니다. 대부분의 요즘 아이들은 예전의 우리 때 보다 환경적으로 풍족하고 부모들의 관심을 많이 받고 자란 것은 부정할 수 없습니다. 하지만 부족한 것 없이 자랐으니 '공부만 하면 되지'로 접근하면 안 됩니다.

생각보다 많은 학생이 이 말로 인해 스트레스를 받고 이를 아파합니다. 기성세대가 자라왔던 환경과 그들이 자라온 환경이 다르고, 본인의 의지로 누린 것이 아니라 자연스레 받은 것인데 갑자기 성적이라는 결과를 요구하는 느낌을 강하게 받습니다. 받기만 한 학생들의 입장에서 갑자기 자기 스스로 무언가를 해내야 한다고 들으니 두렵기도 하고 실패할 때의 상황도 받아들이기가 쉽지 않은 것 같습니다.

그래서인지 상담을 하다 보면 어렸을 때 본인에게 잘 맞추어 주었던 부모님이 갑자기 대입에 대한 자신의 생각을 듣지 않고 훈계와 요구만 하셔서 답답하다라는 말을 종종합니다. 어렸을 때부터 관심을 많이 받은 것과는 별개로 행동과 표현에 있어서 잘못되었을 때의 처벌에 관하여 직·간접적으로 많이 접한 세대가 요즘 아이들입니다.

그리고 본인의 의견을 간접적으로 표현할 수 있는 수단이 많아지면서 친구와의 관계에서 불편함이 있으면 그것을 직접 해결하기보다는 부모님이나 선생님께 말하고 주장하는 것이 자연스러운 세대입니다. 그래서 상담을 하다 보면 생각보다 많은 아이가 저에게 매우 솔직하게 본인의 의견을 잘 얘기합니다. 오히려 10년 전의 아이들보다 더욱 더 본인의 얘기를 솔직하게 표현하는 것에 변화를 느낍니다. 믿고 있는 '어른'에게는 이전보다 더 신뢰를 두텁게 보이는 것이 요즘 아이들이 아닐까 생각합니다.

상담 중에 가장 많이 하는 얘기 중 하나가 "옆의 친구가 신경 쓰인다는 말입니다."입니다. 본인이 조금 쉬운 문제지를 풀고 있을 때 옆 학생이 어떻게 판단을 할지가 두렵기도 하고, 본인의 말과 행동이 어떤 평가를 받고 있는지도 신경이 쓰인다는 것입니다. 이로 인해 본인을 위한 진짜 학업에 몰두하기 어렵고 성적이 낮게 되면 이로 인한 스트레스가 생기게 되는 것이지요. 그래도 원만한 교우관계를 갖는 것이 매우 중요하기 때문에 신경이 쓰여도 안 쓰는 척 잘 지내는 것이 중요하다고 생각합니다. 이런 얘기를 듣다 보면 SNS 등의 발달로 개인 생활의 노출 빈도가 큰 것이 영향을 주었나라는 생각도 듭니다.

잘 되고 좋은 것들이 올려진 SNS를 보다보면 무의식 중에 본인도 잘 보여야 되겠다라는 생각을 하게 되는 것 같은데, 이 생각이 나쁘지는 않지만 그 생각으로 본인을 조금 더 옥죄이고 진솔한 마음을 터 놓는 대상을 극도로 한정 짓는 학생들을 보면 안타깝기도 합니다.

그럼에도 불구하고 저는 이 아이들이 자신만의 속도로 더 잘 알아가고 남의 시선에 흔들리지 않고 처음 맞이하는 입시에서 당당하게

대한민국 최고의 아이들은 어떻게 공부하는가

자신이 해왔던 준비를 잘 펼치기를 응원하며, 자신만의 길을 당당히 걸어가길 진심으로 바라고 또 바랍니다. 아이들이 자신이 마주하는 어려움들이 오히려 더 단단한 성장의 밑거름이 되기를 바라며, 오늘도 담임으로서 그들의 여정을 지켜보며 한 걸음 더 나아갈 수 있도록 곁에서 마음을 다잡습니다.

압박 속에 품격은 성장한다.

*Crescit sub pondere virtus.*

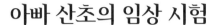

# 아빠 산초의 임상 시험

다른 사람에게 말하기 전에
진짜 그렇게 되는지 확인 먼저 하라.

- 의지 없는 사교육 의미 없다. 학원 다니지 마라.
- 책을 많이 읽고, 토론하고 글을 써라.
- 대회에 많이 내보내서 스스로 문제 해결하도록 키워라.
- 모두가 열심히 하려는 학교로 진학시켜라.

'만약 내가 이렇게 말을 하면서, 내 아이에게 그렇게 하지 못하면 그야 말로 자가당착이라고 욕을 먹을 것이 뻔한데…'

그 소신을 가지고 살았던 입장에서 자기 모순적인 행동하는 것에 경멸하는 사람이라 12년 여 동안 큰 아이에게 소신하는 바를 굽히지 않고 옆도 보지 않고 오직 직진했습니다. 무엇보다 10년 동안 설명회 할 때마다 마이크가 터져라고 뱉어 놓은 말이 많아 그럴지도 모릅니다.

# PART 1: 초등 기간

"반장이나 부반장 해볼래?"

아이가 초등학교 1학년 2학기때였습니다. 뒤도 돌아보지 않고 신나서 선거에 나가겠다고 했습니다. 처음으로 부반장이 된 모습에 매우 대견해 했던 일이 생각납니다.

항상 까불까불하면서 노래하고, 춤추는 것을 좋아하던 아이가 초등학교에 입학하고, 재잘재잘거리던 아이가 다소 의기소침해지는 듯 얌전해 지는 모습이 환경변화에 적응하는 것인가 이상하다 생각했는데, 아뿔사… 초등학교 1학년 선생님이 너무 엄격하신 분이었던 점이 아이에게 크게 도움이 안 되는 시기였습니다.

아이가 막 질문하고, 앞에 나서는 것이 마음에 안 드셨는지 항상 조용히 있기를 바라시며 아이의 성격을 잡으려고 하셨는데, 그 부분에는 지금도 그 선생님께 조금은 서운한 점이 있으나 그분의 교육 철학이었으니 존중합니다. 아이에게 과한 제재와 주의를 주면서 아내에게 ADHD 의심된다고 하니 그 길로 심리치료를 다니게 되니 걱정도 되었습니다.

저는 교직에 있으니 아이 학교생활에 직접 관여하는 것은 도를 넘어간다 생각해서 의견을 강하게 어필하지는 않았습니다. 그래도 아내에게 아이가 자신감 넘치는 것을 이상하게 해석하는 것은 이해하기 어렵다고 했지만, 일단 한발 물러나 있었습니다.

그렇게 1학년을 보내고 2학년, 3학년을 지나며 다행히 큰 아이를 맡은 담임선생님들께서 아이를 예쁘게 봐주시고 넘치는 응원 때문일까, 반장도 하겠다고 지원하고 연설을 준비하는 모습이 기특해 보이기도 했습니다. 어렸음에도 학교 학급일을 도맡아서 했다는 이야기를 선생님들에게서 듣게 되면 새삼 다행히 잘 크고 있다는 것에 기분은 좋았습니다.

4학년이 되고, 5학년이 되는 즈음 아내도 교육에 관심을 가질 수밖에 없는 것이 주변 사람에 수학, 영어 학원들을 다니는 것이 당연하니 아내도 내게 와서 학원을 보낼 계획을 말했습니다. 학원 보내는 것이 자체가 잘못된 것이라 말하기 전에 아이가 정말 우선 원하는지가 궁금했습니다.

진정 자신이 가고 싶고 정말 원하면 학원에 보내줄 수 있다고 생각하는 입장이었습니다. 큰 딸에게 물어보니 전혀 반항을 하지 않고, 본인도 주변 친구들 학원 다니는 것을 봐서 영어학원을 다니겠다고 했습니다. 어쩌면 그 학원 일주일 정도 다녔던 것이 큰 아이 학원 생활의 전부인 것 같은데 동네에서 제법 인기있고 유명한 영어학원으로 회화도 문법도 잘 가르쳐주는 학원이라며 보냈던 것 같습니다.

좋은 대학 가기 위해서는 '할아버지의 재력, 엄마의 정보력, 아빠의 무관심'이라는 터무니 없는 말이 있지만, 딸 아이의 방에 들어가 영어학원 숙제를 열심히 하는 모습을 지켜보았습니다. 하지만, 숙제를 하는 아이를 보면서, 경악을 금치 못하는 했습니다.

영어단어를 20번 써오라고 했던 것 같은데, 딸 아이가 공책에는

apple

apple

appl

appl

세로로 aaaa… pppp… 이렇게 한 줄로 쓰고 또 쓰고 이러고 있던 것이 아닌가요! 그나마 그것도 읽지도 않고 말입니다. 아내와 한판 붙어서 이런 학원을 왜 다니게 하는지 말다툼을 하고, 그 자리에서 숙제뿐만 아니라 회화 한마디라도 할 수 있는지 아이와 영어 간단한 말을 물어 보기도 하고, 그리고 제일 중요한 재미가 있고 학원에 가고 싶은지 물었습니다. 대답은 'No'였습니다. 즉시 학원은 그만 다니기로 하고, 아이를 위해 제가 시간을 쪼개서 함께 해야 하는 것을 즉시 실천해야 한다고 생각해 실행에 옮기기로 했습니다. 먼저 '관심 분야' '꿈'에 대해 글을 쓰게 하고, 읽고 싶은 책을 찾아 읽고 토론을 하겠다는 원대한 꿈을 꾸게 했습니다.

처음에 "아빠랑 공부하는 것은 싫어"라는 아이의 대답에 당황스러움을 느꼈지만, 그래도 포기할 수 없어서 친구들을 불러서 함께 발표하고, 책 읽기를 하도록 꼬셨습니다.

일단 그 제안은 통했고 매주 토요일에 한 번, 한 시간을 친구 두 명과 함께 하기로 했습니다. 처음 아이들의 글은 기도 안 찰 정도로 형편 없었고, 책을 찾는 수준 또한 딱 아무 생각 없는 5학년이였습니다.

그래도 글 쓰는 법, 토론하는 법, 사례 주고 흉내 내보기 등 한 번, 두 번, 세 번 보일 때마나 아이들이 발언하는 방식, 글 쓰는 방식의 틀을 갖추는 것을 보면서 조금씩 성장함을 느꼈습니다. 물론 처음에는 60분이던 모임이 뒤로 갈수록 거의 200분까지 아이들과 함께하는 시간이 될 정도였으니, 초등학생의 지구력이 대단했다 싶을 정도였습니다. 책의 제목을 색인하고 직접 서점으로 데려가서 책을 뒤적거리며, 아이가 원하는 내용이 있는지 직접 찾고 궁금하면 옆에서 같이 봐주기도 했습니다.

나중에 들었던 이야기인데 우리 딸도 딸이지만 다른 두 아이는 정말 이 수업이 '무서우면서 재밌고, 힘들면서 도움이 되었다'라고 전해 들었는데, 친구 두 명 중 한 남학생은 우리 집에 와서 함께 토론하고, 산초 선생님이 끼어들어 평을 해주기도 상대편이 되기도 했던 토론이 너무 부담스럽다고 했다고 합니다. 집에 오기 2~3시간 전부터는 소화도 안 되었다는 이야기를 들었을 때는 미안하면서도 꾸준히 함께 책 읽고 토론하기를 해줬던 아이들이 고맙습니다.

5학년부터 6학년 때까지 시골 초등학교를 다니는 큰 딸은 정말 대장 역할을 마다하지 않고 아주 자존감이 하늘을 찌르고 있었습니다. 당시 우리 애를 그래도 더 영어에 노출을 시켜주고 싶다는 생각에 외대부고 영어캠프를 통해 자극을 줘야겠다는 생각을 했습니다. 6학년이 되기 전 겨울 방학에 영어캠프를 참가했는데, 아이는 왕노릇하며 주변 온갖 사랑과 칭찬에 자존감 폭발 직전이였는데 영어캠프는 아이에게 큰 인생 전환기가 아니였을까 싶습니다. 외대부고 영어캠프는

대한민국 최고의 아이들은 어떻게 공부하는가

동기부여와 더불어 세상에는 강자가 많다는 것을 느낄 수 있게 하는 경험 기회였기 때문에 아이에게는 정말 최적이라 생각했습니다.

예상은 적중했습니다. 모든 사람이 자기를 칭찬하던 작은 우물을 나와 소위 큰 물에서 사람들을 만났는데 자신 말고 더 칭찬받는 아이들이 많고, 이 세상은 쉽게 통하지 않는다는 위기감을 느꼈던 것 같습니다. 본인은 영어 단어 하나 외우기도 힘든데, 주변의 많은 아이들이 영어 회화를 넘어서 서로 토론하고 반박하고 있는데 꿀 먹은 벙어리가 되어 있는 자기 모습에 아이는 너무 놀랐던 것 같습니다. 외교관이 꿈이라고 말하던 아이 입장에서 짐작이 갑니다.

"절대 아빠가 산초 선생님이라는 말을 해서는 안 되고, 너는 여기에 아빠 모르는 캠프생으로 들어온 거야"

캠프 전부터 철저히 교육시키고, 그래서 캠프를 하는 중에 교정에서 보게 되면 서로 모른 척하고 지나가며 생활하고 있었습니다. 하루하루 자존감 상실을 맛보던 큰 딸은 기죽는 것은 싫었는지, 기를 쓰고 애들처럼 해보겠다고 공부하고 말하기 연습을 하는데 기초가 전혀 없는 상황에서 잘 될 턱이 없겠지요.

애꿎은 기숙사 룸메이트에게 폭풍질문을 하면서 "이거 좀 알려줘!" "저거 좀 도와줘." 나중에 그 학생이 너무 시달렸을까요? 룸메이트 교체 신청했다는 보고가 들어와 어찌해야 할까 고민하던 끝에 그 친구와 딸을 직접 불러서, "산조샘 딸인데, 네가 가르쳐주고 봉사하듯 배려와 양보를 해줄 수 있니?"라고 부탁했습니다.

그래서인지 그 친구가 그때부터 더 잘 도와주는 계기가 되어 딸에게는 위기가 반전으로 그 친구에게 많은 것을 배우고 얻었으며, 본인의 목표가 좀 생겼던 것으로 보입니다. 이렇게 3주 동안의 캠프를 마치고 돌아온 딸은 위기감을 느꼈는지 그때부터 '영어 토론'을 하고 싶다는 이야기하여 영어 동화책을 보게 하고, 영어공부를 하는 것을 도와주려고 했습니다.

그리고 캠프 멘토로 있던 대학생 언니에게 부탁해 아르바이트로 딸의 토론 대회 지도 선생님 역할을 부탁했습니다. 처음 대회준비는 말도 안 되고, 얼토당토 않았는데 본인이 목표를 세우고 준비하면서 책도 읽고, 토론을 위해 내용을 써보고 말하는 연습을 계속 반복해서 하는 노력 모습을 보였습니다.

아내와 이야기하면서 가서 꼴등을 해도 경험을 하면 분명 느끼는 것이 있을 것이라고 말해주고 정말 열심히 수원, 서울, 대전에서 열리는 영어 토론(Debate), 모의 유엔(MUN), 프리젠테이션 대회를 참가시켰습니다. 정말 말도 안 된다고 생각했는데, 6학년에서 중학교 올라갈 때부터 장려상도 받고 이후에도 계속 상들을 타는 모습을 보니 신기했습니다. 다른 외국인 학교 애들과 친해지면서 같이 팀을 만들어 대회를 나가자는 제의를 받으면서 더 탄력이 붙었던 것 같습니다.

대한민국 최고의 아이들은 어떻게 공부하는가

# PART 2: 중등 기간

중학교 올라가면서 '어린이 의회' 활동을 시키고 싶은 마음에 용인시의 청소년 운영위원회를 시작으로 미래 차세대 위원이라는 활동을 순차적으로 참여시켰습니다. 어린이, 청소년이 참여할 수 있는 활동을 시키기 시작했는데 직접 정책 제안을 경험해 보기도 하고, 어려운 사안을 청소년 위원회로 직접 의견 제안하는 활동은 정말 진심이었던 것으로 보였습니다.

이 활동이 자신의 정체성을 찾는 활동이 아니었을까 싶습니다. 초등학교를 지나 중학교에 들어가서도 반장, 전교회장 등을 쉬지 않고 하던 큰 딸에게 필요한 것은 '자존감' 잃지 않게 하는 것뿐이었습니다. 본인이 다른 친구에게 뒤쳐지는 것이 싫어서 아니면 자신의 꿈을 위한 직진이었는지는 모르지만 열심히 문제집, 책 등을 사달라고 했을 뿐 아빠가 말한 사교육 반대는 그대로 유지되었습니다.

그 이후, 아이는 중학교를 다니면서 특목고를 가야겠다는 생각을 했습니다. 저의 권유가 아닌 스스로 결정한 계기가 '프로젝트, 수행평가, 자율동아리' 등을 할 때 아이들이 적극적으로 참여하지 않는 것에 너무 힘이 들었다고 했습니다. 본인은 대본까지 쓰고 간식도 사주면서 행사를 하자고 하는데 대부분의 아이들이 호응이 별로라는 것이 내심 마음에 걸렸다 봅니다.

"아빠네 학교는 안 그러지? 같이 뭐하자고 하면 애들이 반응이 없어!"

그나마 경쟁이 치열한 도시의 중학교가 아니라서 모르겠습니다. 학교 공부에 큰 어려움을 느끼지는 않았고 모든 과목을 무조건 1등을 해서 약해 보이지 않겠다는 의지를 보이는 딸이 안쓰럽지만, 목표를 위해 최선을 다하는 모습을 응원할 뿐 별다른 지원을 하지는 못했습니다. 그런데, 아이에게 있어서 가장 필요한 응원은 가정뿐만 아니였습니다. 중학교 선생님들 눈에도 아이가 기특해 보였는지 항상 응원에 소홀하지 않으셨던 것 같습니다. 덕분에 아이는 반항이 최고조로 넘치는 사춘기에 엄마와 아빠에게는 조금 덜 친절하게 대할 뿐, 학교에서 선생님들 앞에서는 정말 그렇게 나이스한 학생이 없다는 칭찬을 몸에 휘감고 다녔었던 것으로 압니다. 졸업할 때도 경기도지사상부터 정말 상이란 상은 중학교때 받았던 것이 거짓말 보태서 한 트럭으로 가득이었습니다. 부족하지만 예쁘게 봐주신 선생님들에게 정말로 감사드리고 싶습니다.

딸은 사교육을 안 시켜주는 아빠 성격을 알았는지 인터넷 EBS강의를 보고 모르는 것을 인터넷에서 찾거나, 학교선생님들과 친하게 지내면서 여러 대회나 활동 참가하기, 자율동아리 활동을 만들어서 이끌어 가는 모습, 책 읽고 글쓰기, 대회에 열심히 참여하기, 지자체, 대학 주최 행사 및 단체에서 활동하기를 열심히 했습니다. 물론 홀트아동복지회에서 봉사활동도 그렇게 열심히 할 수가 없었습니다. 아이는 그런 활동을 하면서 '외대부고'를 꿈꾸는 모습이 계속 느껴졌습니다.

그런데 코로나 시기가 도래했고 입시 운영은 정말 복잡하게 되어 새로운 사람이 운영하기는 너무 힘든 시기가 되었습니다. 그런 와중에 큰 딸의 외대부고를 진학하고 싶어하는 상황이 너무 머리가 아팠습니다. 물론 학교의 상황은 그렇지만, 딸이 원하는 것인데 해줘야 하는 것이 아닌가 했었는데, 코로나가 저에게 그렇게 할 수 없게 했습니다. 원칙적으로 내 딸이 우리 학교를 온다고 하면 입학부장은 물론 입시과정에서 완전히 배제되어야 하는 상황이었습니다. 결국 딸에게 정말 미안하지만, 다른 '경기도 C 국제고'를 준비하도록 도와줬습니다. 아이에게 이 부분은 지금도 미안한 마음이 가득합니다.

## # PART 3: 고등 기간

아이가 'C 국제고'에 입학 후, 해외진학반을 선택하고 어떤 느낌인지 물어봤을 때,

"내가 아이디어가 생겨서 같이 뭐 좀 해보려고 하면 친구들이 뒤로 빼는 애가 하나 없이 참여하는 분위기가 너무 좋아!".

일단은 그래도 중학교 때, 활동 하나 하려면 힘들어 했던 아이의 모습과는 너무 다른 즐거움을 눈빛에서 보았기 때문에 너무 안심이 되었습니다. 처음에는 공부하는 것이 어떻게 힘들지 않을까 신경은 쓰였지만, 특유의 파이팅이 있으니 잘 다닐 것이라 생각하고 필요한 것

이 무엇인지 지켜보고 있었습니다.

입학한시 한 달도 되지 않았는데, 학급 임원, 창의력 대회 참여, 동아리 면접 준비, 학교 홍보부, 밴드 등 슬슬 일을 벌리는데 아내는 걱정을 많이 했었습니다. 그래도 저렇게 활동하는 것이 요즘 공부라고 믿으며, 단순히 성적표를 잘 받았다고 하는 것보다 훨씬 낫다고 판단했기에 계속 응원해주기로 아내와 합의했습니다.

지필 1 고사(과거, 중간고사)가 첫 관문일 텐데, 중학교 때까지 2등이되면 죽는 줄 알던 녀석이 조금 관대해진 것인지 자신의 위치를 파악한 것인지는 모르지만, 열심히 공부는 하면서도 상위권에 못 들어간 것에 불안해하지는 않았습니다. 다행히 그런 모습을 보이지는 않았는데, 참고 망설이다가 딸 아이를 불러 이렇게 말을 해줬습니다.

"공부는 효율적으로 하면서, 네 활동하고 싶은 것을 하면 된다. 넌 해외 대학을 진학할 것이기 때문에 성적을 만점 받으려고 노력하거나 상대평가에서 1등급을 받으려고 기를 쓰고 공부하기 보다는 절대평가로 A(90점이상)를 유지하려 신경 쓰면서 교내외 활동을 골고루 하고 의미 있는 봉사활동, 대회도 참여하는 균형감 있는 생활을 해야 한다"

정말 중학교 때에는 100점 못 받으면 무슨 큰일 날 것처럼 호들갑을 떨던 아이가 지필고사 성적이 조금 아쉬운 성적에도 흔들리지 않는 모습이 신기할 정도였고 제 마음에도 들었습니다.

대한민국 최고의 아이들은 어떻게 공부하는가

물론 엄마는 불만이 많았던 것 같습니다. 학교시험 이외에 5월이면 국제반 아이들이라면 AP시험\* 그리고, 평상시에 TOEFL시험, 1년에 7번정도 있는 SAT시험이 있습니다. 한국의 고등학교라면 다니면서 한 학기에 두 번 지필고사1·2(중간·기말고사)를 보면서 자신의 해외대학을 위한 시험 스케줄을 정해놓고, 여러 대회와 동아리까지 하면서 고등학교 생활을 한다는 것이 쉽지 않은 일이었습니다. 그리고 시험이라는 것에 맞춰 온갖 상술로 광고를 하고 있으니 아이가 흔들리지 않을 리가 있었을까요?

"아빠, 국제반 공부는 원서로 진행되고, SAT, AP를 공부해야하는데 이거 혼자하는게 맞어?"

친구들은 서울 강남에 있는 학원을 다니는데, 본인도 다닐 수 있는지 물어보기도 했습니다. 대답은 이 책을 읽는 분이라면, 제가 어떻게 말했을 지 '답정너'인 것은 아시겠지요. 물론 학원만 믿고 노력 안 하는 것은 안 되고, 책이나 자료는 원하는 만큼 사준다고 말했습니다.

원래 그런 아빠인 줄 알기에 그냥 혹시 하는 마음에 물어봤을 뿐 진작에 포기하고 마음은 비운 것 같았습니다. 학교 지필고사 영어나 스페인어 등을 공부할 때는 옆에서 누구보다 더 같이 밤새며 줌이나 카카오톡으로 물어보는 것을 친절하게 이해될 때까지 설명해줬습니다.

---

\* 대학과목 선이수제(Advanced Placement, AP)는 고등학생들에게 대학 과목(주로 1학년 교양과목 수준)을 학습할 수 있는 기회를 제공하고, 대학이수학점으로 인정해주는 제도임

그 정도는 혼자 열심히 하는 아이에게 사교육 못한 불만을 조금이라도 상쇄시켜줄 수 있을 것이라 믿었습니다. 그럼에도 다른 과목은 훨씬 많고 스스로 열심히 공부한 부분이 훨씬 클 터, 고생했던 그때의 딸 아이 모습에 칭찬을 해주고 싶습니다.

고등학교 때에도 반장, 여러 활동, 대회 등 정말 쉬지 않고 생활을 하면서 3학년 때가 하이라이트가 아닐까 싶습니다. 집에서 먼 기숙사 학교에 들어가 있기 때문에 중학교 때까지 활동하던 용인시 청소년 위원을 하는 것이 쉽지 않아서 고 1·2 때에는 활동을 하지 못했는데, 3학년을 앞두고 갑자기 본인이 용인시 청소년 위원회 활동을 하고 싶다고 말했습니다.

원래 아이가 하고 싶다고 하는 것은 밀어주자는 주의이기 때문에 큰 동요 없이 위원회 활동을 허락했습니다. 그런데 딸아이는 스스로 큰 계획을 세우고 용인시 청소년 위원을 하겠다는 것인데 바로 이유는 경기도 청년 위원회를 들어가는 발판을 마련하는 것이 목표였던 것이었습니다.

경기도의 총 31개의 시·군의 청소년 대표가 모여 '경기도 청소년 참여위원회'를 구성하게 되는 것인데, 그곳에서 경기도 의장에 도전하는 것이었습니다. 주로 고등학생부터 대학생까지로 구성되는 위원회이고, 줄곧 이전에는 대학생들이 의장을 했었다는 이야기를 들었었기 때문에 위원장이 될 것이라고는 생각지도 않고, 과정에 최선을 다

대한민국 최고의 아이들은 어떻게 공부하는가

하는 충실한 모습만 기대했습니다.

31개 시·군 대표가 모여 1박 2일동안 선거유세 및 선거를 통해 위원장을 선출한다고 이야기를 해서 수원에 데려다 주었었는데, 가는 차 속 내내 자기가 꼭 되고 싶다는 말을 해서 마지못해 화이팅하라고 응원은 해줬습니다. 그러나 정말 아이가 위원장이 될 줄은 꿈에도 몰랐습니다. 다음날 위원장이 되었다는 이야기에 집사람은 아연실색했던 모습이 기억납니다. 아내는 고3 학생으로 입시를 위해 준비해야 할 것이 많고 입시 기간에 너무 바쁜데 위원장을 하게 되면, 의무적으로 한 달에 2번 이상 모임을 주관해야 하며, 여기저기 분과위원회까지 참여하는데 이 활동을 하는 것이 맞는지 제게 재차 물었습니다. 제 대답은 아주 간단 명료했습니다.

"입시는 재수, 삼수도 할 수 있고, 시험은 다시 볼 기회와 노력으로 될 수 있는 가능성이 높지만 위원장과 같은 기회는 쉽게 오는 기회도 아니고, 선거 유세를 통해 선출된 것이기 때문에 그 기회는 지금 아니면 못해!"

그래서 딸아이에게도 너가 하고픈 것이 정치외교학이기 때문에 정말 딱 맞기에 응원한다고 말해줬습니다. 그래도 저의 생각보다 훨씬 바빴습니다. 딸 아이를 한 달에 2번이 아니라 3번 또는 4번을 주말이면 수원으로 용인으로 차를 태워줬습니다. 위원회 활동은 속기사가 참석할 정도로 공식적인 자리이고 작은 학교의 동아리 수준이 아니였습니다.

　게다가 전국 시·도 정소년 위원상 모임경기노 대죠로 참여하거나 여성가족부 소속의 여러 분과에도 참여하는 활동까지 해야하는 정말 공부할 시간이 부족해 보였고, 시간과의 싸움을 하면서 힘들어하는 모습이 안쓰럽기도 했습니다.


　미국 대학은 국내 대학처럼 수능 시험을 준비하는 정시, 내신 성적에 바짝 신경을 쓰는 수시와는 다르게 마치 한 종목이 아니라 근대 5종 경기처럼 종합경기를 치뤄야 하는 것과 같습니다.

　대입 준비 시간이 다가오는데 내신성적(GPA), SAT와 TOEFL 시험 성적, 대회실적, 과외 활동, 봉사 활동, 에세이 쓰기 등 해야 할 것이 산적한 상황에서 위원회 활동을 병행하는 것은 만만치 않았습니다. 그 와중에도 본인이 전공하고자 하는 정치·외교학 관련해 원하는 대학의 리스트를 제게 가져와 이야기했을 때 많이 힘들어했습니다.

　솔직히 교사라는 직업으로 1년에 1억이 넘는 돈을 주고 미국으로 유학을 보낸다는 것이 쉽지 않은 일입니다. 그래서 미국 대학의 장학제도인 FA(Finantial Aid) 시스템 적용이 아주 잘 되는 학부 중심대학(Liberal Arts College) 가운데 그 액수를 많이 받을 수 있는 대학을 목표로 하자는 제 말에 많이 힘들어했던 것 같았습니다.

　아이는 남들처럼 말하면 다 알아주는 아이비리그 대학을 가고 싶은 마음이 굴뚝같아 보였습니다. 얼리 디시전(ED: Early decision, 11월 1일 또는 11월 15일 마감, 12월 중순 발표) 시즌 지원시기에는 애가 고등학교 때

보이지 않았던, 반항을 보이면서 지원하라고 권유해 준 대학은 빼고 지원하는 아주 기막힌 모습을 보여줬습니다. 외대부고에서 짬밥이 굵어진 제게 외대부고 학생들도 절대 안 하는 반항을 한다는 것에 조금 마음의 상처를 입었지만 결국 본인 인생이고 내 자식은 내 맘대로 안 되네라고 생각했습니다.

그래도 레귤러 디시전(RD: Regular decision, 일반적으로 1월 초, 3월 말~4월 초 발표)가 있으니 얼리(Early) 시즌은 본인의 선택에 양보하기로 했습니다.

역시나 얼리 시즌 결과는 처참했습니다. 본인 마음대로 지원한 학교는 3개 학교에서 불합격(Reject) 또는 대기자(Wait List)가 된 것입니다. 국내 대학과 다르게 미국 대학 대기자가 합격이 되는 것은 상당히 어렵습니다. 이런 상황에 너무 걱정이 많은 아내는 내게 많은 것을 어떻게 해야 하는지 물어봤는데 제 대답은 변함없었습니다.

"집 형편에 맞게 가야지, FA(학자금 지원)를 6만불 정도를 받지 못하면 합격을 해도 소용 없어. 예은이 활동이나 성적으로 봤을 때, 내가 얼리 시즌에 추천했던 대학은 레귤러 시즌 때에도 가능하니 우선 지켜보자."

그러면서 혹시나 몰라 아이에게 국내 대학에 정치외교학과에 수시로 지원을 해놓자고 했습니다. 딸 아이가 지나서 말했지만 국내 대학에 일단 합격해 놓으니 미국 대학의 레귤러 시즌에 지원하는 것이 편안해지고, 아빠 말을 따르게 되었다고 말했습니다.

그 당시 저 역시 정신 없이 외대부고 입시를 치르고 있는 통에 딸 아이의 면접까지 신경 쓸 여유가 전혀 없었습니다. 어쨌건 1월 15일까지 리버럴아츠칼리지Liberal Arts College(LAC) 레귤러에 원서를 제출하고, 딸 아이에게 6만불 이상을 받을 수 있는 학교, 특히 미국 명문 여대(Seven Sisters' Colleges) 중 몇 학교를 목표로 지원하게 한 것이 마지막 카드였습니다.

드디어 하늘이 도와 마운트 홀리요크 칼리지(Mount Holyoke College)에 6만불에 가까운 돈을 학자금 지원을 받으면서 입학허가를 받았습니다.

## PART 4: 대학생이 된 기간

미국 대학은 4월에 발표하는데 한국의 대학은 3월에 학기를 시작합니다. 국내 대학을 준비하는 학생들 입장에서 비난 받을 수 있겠지만, 국내 대학을 다니다가 해외에 나가는 것을 딸 아이에게 권유했습니다. 보통 미국은 대학교 1학년 때 전공을 정하는 경우는 없고 대부분 교양과목과 선택과목을 듣다가 2학년이 되어 전공교과를 챙기고 선택을 하게 됩니다. 그래서 미리 한국에서 정치외교학과에서 공부하면서 딸아이가 초등학교부터 중고등학교까지 앞만보고 뛰었던 정치외교학에 대해 미리 살펴볼 것을 권했습니다.

그래서 아르바이트나 다른 것을 하지 말고 학교 전공 공부를 하면서 차라리 아르바이트 할 시간에 고등학교 때처럼 하고 싶은 대외 활

대한민국 최고의 아이들은 어떻게 공부하는가

동에 참여하는 것을 권했습니다.

이것이 정말 딸 아이의 인생의 방향을 정하는 계기가 되었을까요? 서울의 H대학, 정치·외교학과 수업을 들으면서 UN산하 국제기구, 서울시 청소년 위원회, 국민통합위원회 인턴십뿐만 아니라 독립영화를 찍으러 다니는 너무도 활발한 활동을 이어가고 있습니다.

어느 날, 5월 1일 미국 대학의 입학을 확정해야 하는 상황에서 딸 아이는 제게 갑작스러운 제안 하나를 했습니다. 본인의 인생을 살아가야 하는데, 자신이 하고 싶은 일을 하면서 다시 대학을 선택하고 진로를 생각하고 싶어 미국이 아닌 유럽으로 대학을 가면 어떨지 상의했습니다. 1년만 더 갭이어(Gap year: 학업을 잠시 중단하고 자신이 하고 싶은 일을 하면서 흥미와 적성을 찾아가는 기간)를 가지면서 충분히 진로에 대해 고민하고, 활동하면서 다시 선택의 기회를 달라는 것이었습니다. 저의 세대와 너무 다른 모습에 조금은 당황했지만, 미국학생들에게는 흔한 일이어서 아이의 선택을 존중하기로 아내와 협의했습니다. 한국 H대학에는 휴학계를 제출했고, 지금은 자신이 원하는 인턴십과 독립영화를 찍으면서 자신의 인생을 다시 설계하고 있는 것 같습니다. 지금까지 그래왔던 것처럼 응원하고 지켜 보기로 했습니다.

딸 아이의 임상시험은 일단 현재도 진행중이지만 제가 생각한 고집대로 아이를 성장시켜 왔는데, 자립심 높고 자기 삶에 긍정적인 사람이 된 것으로 일단 만족합니다.

사람들의 생각하는 최고의 명문대도 아니기 때문에 크게 도움이 안 될 수도 있겠습니다. 하지만 아이가 하고자 하는 섯을 할 수 있도록 힘들어도 스스로 개척해 나갈 수 있게 한다는 그 약속은 정말 잘 지켜온 것 같습니다. 물론 중간중간 흔들리지 않았다고 하면 거짓말입니다.

그러나 어릴 때부터 주위 응원의 힘으로 '자존감' 챔피언으로 자라온 아이가 일단 고맙고 대견합니다. 물론 아이는 말을 안 해서 그렇지 불만은 굉장히 많았을 것이라 생각됩니다. 자식은 마음대로는 안 되는 것이 정답입니다. 많은 말을 했지만 잘 커준 것만으로도 감사한 마음으로 살기에 저의 글은 여기까지입니다.

의사 선생, 당신 자신을 치료해 보시길

*Medice, cura te ipsum.*

# 산초의 딸이 아닌 나로 산다

조예은*

어릴 때부터 부모 영향으로 진로 고민 시작,
덕분에 성장했지만 내 고집도 꺾이지 않는다.

아빠의 부탁으로 글을 쓰지만, 절대로 아빠 취향대로 써줄 마음은
전혀없음을 먼저 말해둡니다. 아빠가 어릴 때부터 옆에서 이렇게 해
라, 저렇게 해라 말해주는 것들이 길게 보면 장점도 있었지만, 개인적
으로 단점도 있었던 것은 분명합니다.

남들보다 어렸을 때부터 아빠 덕분에 이것저것 주워 듣고, 입시나
진로에 관해서 저 스스로도 명확한 목표를 가지려고 매우 애를 썼습
니다. 요즘은 언론에서 설레발치는 학부모들이 초등학교 시절부터 고
등학교나 대학교를 준비해 주는 학원들이 있다는 기사를 접하지만,

---

* 산초선생의 딸. 경기도 C국제고 졸업. 서울 H대학 정치·외교학과 휴학 중.
  미국 M 대학 진학 연기. 자신의 진로에 고민을 하며 자기하고픈 것하고, 선택의 기회를
  산초선생에게 허가 받고 맘껏 활동하고 있는 중. 본인이 산초를 통해 보여지는 것을
  가장 싫어하는 것은 분명함.

초등학교 때 전혀 그런 말을 하는 주변 친구들을 본 적도 들어 본 적도 없습니다.

다만 남들이 '특목고가 도대체 뭐야?' 싶을 어렸을 때부터 외대부고와 같은 특목고를 가겠다는 생각을 했습니다. 이 부분에 대해서는 진취적인 개인 성향이란 걸 잘 알기에 좋은 시너지를 냈다고 생각합니다.

예전부터 아빠가 괜히 이것저것 시켜서 하기 싫다고 한 적도 많았지만, 솔직히 알려줄 때 싫지는 않았고 신기하고 호기심이 막 생겼던 것은 사실이기도 합니다. 싫다고 의사표시를 하면서 조금씩 반항했던 이유는 그저 귀찮아서 아빠 말 듣기 싫었을 뿐이었기 때문이고, 아빠가 보여주는 세상에 호기심이 생겨서 초등학교와 중학교 때부터 정답처럼 여겨지는 길로 당연히 여겼던 것 같기도 합니다.

'특목고를 왜 안 가? 왜 준비 안 해? 당연히 대학은 가야 하는 거 아니야?'라는 생각은 변함이 없습니다. 초등학교 때 전교회장을 하면서 교장선생님과 만나 독대하기도 하고, 학교에서 대표로 상을 받을 때 느껴지는 주변사람들이 보는 시선, 영어 토론하면서 주변의 주목을 받는 것 등 고등학교 올라와서 밴드를 한 것도 진짜 제 인생에 큰 도전이었습니다. 결과적으로 덕분에 보여지는 것에 대한 고지식한 고정관념이 많이 고쳐졌다고 스스로 평가합니다.

어렸을 때는 어디를 가나 아빠를 통해 저를 아는 사람이 많았고, 그에 걸맞는 뭔가 해내야 한다는 생각도 많아 조금 부담이 많이 되기도 했습니다. 조금 크고 나서 딱히 별 생각 안 하지만, 제 스스로 할 수 있는 것들이 많았는데 아빠 때문에 비춰지는 것이 조금은 아쉽기도 했습니다. 특히 고등학교 올라가고 스스로 충분히 이룰 수 있는 것이 많고 어디든 제 능력으로 인정받을 수 있다는 걸 깨닫고 그 아쉬움 마저도 없어졌습니다.

특히 아빠가 스페인어 선생님도 오래하셨고 그 분야에서 선생님들에게 인정을 얼마나 받는지 모르겠지만, 고등학교 입학했을 때, 스페인어 선생님이 오셔서 "너는 스페인어, 완전히 마스터하고 왔지?"라고 말씀하시는데, 당시 학교 국제반이라면 스페인어를 대부분 선택해서 그랬을 뿐, 아빠의 영향은 전혀 없었습니다. 오히려 아빠가 중학교 때 스페인어를 공부하라고 계속 그럴 때 반발심에 프랑스어, 중국어 책을 사서 공부했으니…

고등학교 학생이 되고 오히려 아빠는 이렇게저렇게 해야 한다는 말을 더 많이 했습니다. 늘 온전히 아빠의 도움으로 뭔가를 이뤄내는 것 같아 짜증이 났었던 것이 사실인데 설령 아빠 말이 정답이어도 매번 그러는 것도 심술이 났지만 결과적으로 그 말을 따르기 잘했다는 것은 분명합니다. 사실 늘 생각했던 것은 아빠는 옆에서 말은 정말 많은데 항상 결정적일 때 도움이 안 된다 싶을 때가 종종 있었습니다.

아빠는 엄청나게 말하며 도와주면서도 중요한 순간이나 결정을 지어야 할 때는 "네가 결정해!"라고 했는데, 막상 필요하다 싶을 때, '별 도움이 안 되네' 싶은 생각도 들었지요. 결국 이것도 제가 해나가야 하는 부분이었기 때문에 '그냥 내가 알아서 해야 하는 상황이네' 싶어서 속상해도 그냥 넘길 수밖에 없었습니다.

지나고 보니 그때는 그냥 아빠 말이라면 다 짜증이 났지만, 알게 모르게 좋은 정보들이 저에게 자연스레 녹아들어 남들보다 미래에 대한 고민을 빨리 시작할 수 있었다고 생각합니다. 이제 지나고 보니 당시의 고민 덕분에 학창생활도 20살인 지금도 도움이 많이 되고 있지 않나 생각합니다.

나머지 부분에서는 스스로 한 고집하는 성격이라 살고 싶은 대로 살아왔고, 지금도 잘 살고 있다고 생각합니다. 열심히 살 테니 조금만 잔소리 좀 줄여주는 아빠이길, 아빠는 HAFS 선생님이지 날 가르치려고 하지는 마세요. 아무튼 고마운 부분은 인정은 합니다.

각자는 자기 운명의 창조자이다.

*Faber est suae quisque fortunae.*

# 어떤 아이가
# 최고의 학생일까?

이런 아이가 최고로 기억이 남는다.

하지만 54세의 내가 18살의 나에게 해줄 수 있는 말은…

대한민국 최고의 아이들은 어떻게 공부하는가

매년 아이들이 졸업을 할 때가 다가오면 온몸에 힘이 다 빠지고, 세상을 다 잃을 듯한 느낌이 듭니다. 어린 시절, 갑자기 우리 엄마가 내 옆에서 갑자기 사라지면 어떻게 하지…

엄마가 만약 세상에 없다면 어떻게 하지라는 슬픈 생각에 왈칵 눈물이 나서, 부엌에서 저녁을 준비하는 엄마에게 다가가 꼭 안으며, "엄마 꼭 내 옆에 평생 있어야 해."라고 말하는 저를 엉뚱하다는 식으로 바라보는 엄마의 핀잔, 그 마저도 그때는 얼마나 좋든지…

과거의 엄마에게 그랬듯 세상 허전한 느낌으로 졸업하는 아이들을 보냈던 날을 회상하면…

외대부고에서 첫 담임을 하던 4기, 집에 9명이 들이닥쳐 먹을 수 있는 것은 다 먹어 치웠던 7기, 겨울의 모진 바람을 뚫고 Reguland*를 만들었던 9기, 유난히 즐거워 보였던 10기, 이렇게 말하다 보면 1기부터 다시 소환해서 2024년 2월에 졸업을 한 17기까지를 모두 소환해야 할 판입니다.

---

* 외대부고 국제반학생들 중에 Early admission 입시(한국의 수시와 비슷)에 실패를 하고, 1월 1일(또는 15일)까지 Regular admission 입시를 준비하던 19명학생이 겨울 방학 중에 학교에 남아 입시를 준비하면서 붙였던 당시의 상황 별명.
  'Regular + Land'를 합성시켜서 만들었던 애칭.

어쨌든 아이들이 졸업을 했어도, 3월이 되면 금방이라도 교실에서 뛰어나오면서 재잘거리고, "선생님~"하면서 들어올 것 만 같은 여운이 매번 남습니다. 과거를 회상하면서 어떤 아이가 최고의 학생으로 기억할까요?

소위 후배들 사이에서 셀럽이라고 하는 1기의 천인우, 5기의 샤론 최(최성재), 7기의 미미미누(김민우) 등은 어쩌면 직접적으로 친했던 5기의 성재가 조금 기억날 뿐… 돌아보면 모든 아이들이 머리 속에 한 명, 한 명 기억이 많습니다.

너무도 아끼고 정성을 듬뿍 주었다고 생각하는 아이는 졸업 이후에 연락도 거의 없고, 학교를 방문했을 때 '어? 이게 아닌데' 생각이 들 정도로 서먹한 경우가 있죠. 학교 다닐 때, 정성을 그리 많이 주지 못해 미안함이 들 정도의 아이는 졸업 후에 "선생님 너무 고맙고 감사했어요"라며, 연락도 자주하고, 학교에 왔을 때… 그때는 생각도 못하고 했던 행동과 말에 고마워하고, 과분할 정도의 감사해 줄 때…

그래서 과거의 기억에 아주 강하게 남아 있는 아이들은 비록 학교에서 선생님들에게 주목받지는 못했지만, 너무 착하고 주변 친구들에게 친절하게 학교생활했던 아이들이 너무 기억에 많이 남아 있습니다. 그 아이들에게 최대한 잘해주고 싶었고 아이들이 최선을 다해 대

대한민국 최고의 아이들은 어떻게 공부하는가

학에 합격을 했을 때, 서울대도 아니고 미국의 아이비리그 대학도 아니지만 소리지르며 좋아했던 기억이 진하게 남아있습니다.

저는 그 녀석들이 사회에서 최고의 인재가 되리라고 확신합니다. 우리는 세계 최고의 운동선수가 감독으로 성공하는 사례보다 운동선수로는 성공하지 못했지만, 감독으로 성공하는 사례를 봅니다. 어려움을 겪고 이겨낸 사람이 그 상황을 어떻게 대응하는지 잘 알려줄 수 있기 때문입니다. 아래 문장을 '권리'를 '경험'으로 바꿔서 글을 보면, 의미가 더 명확해집니다.

사람은 자신이 가진 권리(경험)보다
더 많은 권리(경험)를 다른 사람에게 이전할 수 없다.
*Nemo plus iuris ad alium transferre potest quam ipse habet.*

# 한계 안에서의 최선

전혜빈*

노력해도 안되는 한계의 경험 한계 안에서
최선을 다하는 법을 익힌 나는

어느덧 의과대학 본과 4학년이 되었다는 사실이 새삼 놀랍다. 마음만은 늘 열여덟 살에 머물러 있지만, 이제는 어엿한 이십 대 중반의 꼬리표를 단 어른이 된 것이다.

나는 매년 한 번씩은 모교인 외대부고를 방문한다. 마치 명절에 고향을 내려가 친척들에게 잘 살고 있다고 안부인사를 전하는 것처럼, 매년 학교를 찾아 선생님들께 인사를 드리곤 한다. 신기한 점은 해가 갈수록 모교는 이전과 다름없이 그대로인데, 나만 변한 것 같다는 느낌이 든다는 점이다. 예쁜 교복을 입고 교정을 산책하는 학생들이 어

---

* 외대부고 12기 자연과정. 고려대학교 의과대학 19학번 재학 중. 한때는 인형뽑기를 광적으로 좋아했으나 요즘은 빵을 굽고 테니스를 치는 중. 니체의 생철학을 좋아하며, 진정한 자기 자신이 되어가는 여정에 있음. 있는 그대로의 자신을 인정하고, 받아들이고, 사랑하며… 자신 삶의 의미를 자기 손으로 직접 만들어 가는 길 위에 있음.

대한민국 최고의 아이들은 어떻게 공부하는가

느 순간부터 앳되어 보이기 시작하고, 그 아이들이 나에게 선생님인 줄 알고 인사를 하기 시작한다. 이전 담임 선생님들께 인사를 드릴 때도 이제는 학생보다는, 성인으로 대해주시는 느낌이 들기도 한다.

오랜만에 뵙는 선생님들과 근황을 나눌 때면, 조금씩 달라지는 내 모습을 꺼내어 보인다. 특히 본과에 처음 올라와서, 악명 높은 본과 1학년 과정을 마치고 4.5/4.5라는 학점을 자랑했을 때는 놀라움에 가득 찬 시선을 받았다. 그도 그럴 것이 나는 고등학교 시절, 많이도 방황했던 아이들 중 하나였으니까. 지금의 대학 동기들이나, 교수님들은 전혀 상상할 수 없을 만큼.


외대부고를 처음 알게 된 것은 중학교 2학년 때였다. 학구열이 높지 않은 지역에서, 전교 몇 등을 한다며 우물 안 개구리처럼 살고 있던 시절이었다. 당시에 친한 친구들이 다들 자사·특목고를 준비한다길래 그럼 나도 해볼까 싶었던 게 시작이었다.

내가 의대를 갔으면 좋겠다는 부모님의 은근한 바람에 선택지는 사실상 둘 중 하나로 좁아졌다. 당시 전국단위 자연계열 경쟁률이 6:1에 육박했던 외대부고, 혹은 그보다 경쟁률이 높지 않은 지역의 작은 자사고. 둘 중 외대부고를 선택한 이유는 단순했다. 기왕 도전할 거면, 가장 높은 곳에 도전하고 싶었다. 거기다 앙드레 김 선생님께서 디자인하셨다는 예쁜 교복과 당시 인터넷에 돌아다니던 '신의 급식' 사진들 그리고 아름다운 학교 건물과 교정의 풍경은 중학생의 마음을 완전히 매료시키에 충분했다.

"어차피 7, 8등급 받고는 내신이나 깎아줄텐데…" 하시던 중학교 진로상담 선생님의 말은 귓등으로도 듣지 않았다.

그 때의 나는 외대부고에 반드시 합격하고 싶었고, 몇십 번의 수정을 거듭하며 자기소개서를 썼으며, 직접 동영상을 찍고 계속 돌려보며 면접 연습을 했다. 그 간절함이 닿았는지, 6:1의 경쟁률을 뚫고 합격증을 받아내었다. 그때는 정말, 세상을 다 가진 것 같이 짜릿했다. 무언가 열심히 노력했고, 성취했다. '노력하면 된다'를 피부로 실감하는 순간이었다. 그러나 외대부고에서 배운 것을 하나만 말해보라면, 단연코 나의 '한계'라 대답할 것이다. 3년의 시간 동안 '노력해도 안되는' 순간들이 너무나도 많았다.

1학년 1학기 중간고사 수학 시험 점수는 70점이었다. 늘 100점 아니면 90점대를 받아 오던 나에게 그 숫자는 가히 충격적이었다. 그러나 그 점수보다 나의 한계를 더욱 절감하게 했던 것은 다름아닌 같은 반 친구들이었다. 때로는 바보 같기도 그저 실없는 농담을 하기도 했던 친구들 중에는 반짝이는 눈을 가진 친구들이 많았다.
나는 아직도 고등학교 1학년 때, 2의 $\sqrt{2}$에 $\sqrt{2}$에 거듭제곱이 무한히 반복되는 경우에 대해 자신이 중학교 때 생각한 풀이를 열정적으로 설명하던 내 짝꿍의 눈빛이 생생하다. 수학과 물리, 특히 물리를 정말로 좋아하던 친구였다. 친구는 지금 카이스트 물리학과에서 과탑을 하며 열심히 학업을 이어가고 있다.

그런 친구들과 이야기를 할 때면 그들의 타오르는 열정에 나까지 즐거워졌다. 평소 이해가 안 되던 부분에 대해 물어보면 자세히 돌아오는 설명에 도움을 받은 적도 한두 번이 아니다. 그러나 늘 돌아서고 나면 왠지 모르게 우울해졌다.

수학과 물리에 큰 흥미가 없는 나 자신이 아무리 노력해도 5등급을 벗어나지 못하는 나 자신이 미워지곤 했다. 이럴거면 왜 이과를 선택했을까 싶었지만, 결국 그것이 의대를 가기 위함임을 깨달았다. 그마저 나의 적성과 흥미를 고려한 선택보다는 부모님의 기대에 부합하고 주변 사람들의 인정을 받기 위함이라는 사실도 외면할 수는 없었다. 내가 외대부고 학생이라는 사실이 마치 맞지 않는 옷을 입은 것 마냥 불편했다.

대학 입시가 가시화된 고 3때, 그 스트레스는 극에 달했다. 당시로는 최고의 주가를 달리던 의과대학에 입학하기에는 내신도 모의고사도 애매했으니까. 그 때의 나는 입시에 실패하는 것이 정말로 죽기보다 싫었고, 불확실한 미래 탓에 늘 불안감에 휩싸여 있었다. 솔직히 말해 고등학교 3학년 한 해 동안 정말 매일 매일, 나는 포기하기 직전의 상태였다. 하지만, 외대부고에서 배운 것 또 하나가 있다면 '한계 안에서도 최선을 다하는 법'이었다. 진로에 대한 고민이 생길 때면 늘 들어주고 같이 고민해주던 소중한 친구들. 내가 힘들어 할 때면 웃긴 동영상을 같이 보고, 초콜릿 케이크를 사왔던 기숙사 룸메이트. 언제 찾아쉬어도 싫은 내색 하나 없이 늦은 저녁까지도 시간을 내어 상담을 해 주시던 선생님.

그리고 마지막으로, 깜깜한 밤에 홀로 산책을 하며 마음을 정리할 때면 늘 같은 자리에서 소리 없는 위로를 건네던 교정… 모두의 도움 덕에 나는 포기하기 직전의 상태로 고3 시절을 보냈다. 아니, 포기하지 않고 고3 시절을 보낼 수 있었다.

입시결과는 생각지도 못하게 좋았다. 평소 전혀 생각도 하지 않던 상위권 의대에 넉넉하게 합격할 만한 점수였다. 그저 운이 따랐을 뿐이지만 그 운 역시, 내가 포기했었다면 아예 기회조차 없었을 것이었다. 노력하면 된다는 말은 때론 잔인하다. 실패한 사람에게는 네가 노력하지 않았기 때문이라고 말하는 꼴이니까. 그러나 세상은 그렇게 생각한다. 과정이 좋다고 결과가 늘 좋은 것은 아니고, 과정이 나쁘다 해서 결과가 늘 나쁜 것은 아님에도 불구하고, 결과가 좋으면 과정도 좋았기 때문이라 말하고, 결과가 나쁘면 과정이 나빴기 때문이라 말한다.

외대부고 역시 빼어난 결과들로 가장 먼저 수식되곤 한다. 숫자와 눈에 보이는 것들이 명료한 면이 있기에 일면 어쩔 수 없는 일이다. 하지만 외대부고 졸업생으로서 내가 느낀 외대부고의 장점은 조금 다른 측면에 있다. 각자의 인생을 주도적으로 이끌어 나가던 동기들과 선후배들, 처음으로 부모님의 품을 벗어나 독립심을 기른 기숙사 생활, 수학, 과학뿐만이 아닌 삶을 대하는 태도를 가르쳐 주셨던 인생의 롤모델로 삼고 싶은 선생님들.

이것이 수치로 나타낼 수 없는 부분이다. 그리고 그 덕에 나는 운이 좋게도 앞으로의 삶을 준비하는 데에 있어 엄청난 자산을 얻었다.

아무리 세상이 결과로 나를 판단하더라도, 스스로에게 만큼은 과정이 중요한 것이라 배웠고 이겨낼 수 없을 때 버티는 법을 배웠으며, 흔들리다가 붙잡고 가다가 또 흔들리기를 반복하면서도 쓰러지지 않는 법을 배웠다. 그리하여 나는 졸업한지 6년이 될 때까지도 매년 학교를 찾았다. 익숙한 교정을 거닐다 보면 어느 순간 결과만을 중시하고 있는 나를 다시금 돌아보고, 바쁘게만 지나가던 삶의 방향을 다시 한번 바라보게 된다. 앞으로 의사 생활을 시작하면 용인까지 발걸음을 할 여유는 없겠지만… 외대부고의 아름다운 노을만큼은 늘 마음 속에 지니고 살아가지 않을까. 더할 나위 없이 방황하고, 헤매던 곳. 그러나 처음으로, 내가 중요하게 생각하는 가치와 내가 느끼는 행복, 나의 삶의 의미에 대해 고민했던 곳. 외대부고에서 보낸 3년 간의 시간은 나를 이루는 가장 단단한 초석이 되어, 그 위로 쌓아 나갈 앞으로의 삶을 탄탄하게 받쳐 주리라 믿는다.

노력없이 인생은 어떤 것도 우리에게 주지 않는다.
*Nil sine magno vita labore dedit mortalibus.*

# 내 기억 속의 라틴어 수업

성하연*

우연히 편해서 부담없어서 하지만
제대로만 한다면, 놀라운 결과도 나온다.

중학교 3학년, 입시를 위해 자기소개서를 쓰던 나는 큰 충격을 받았다. 나름대로 열심히 살았다고 생각했는데 3년을 되돌아봐도 인상 깊은 경험이 거의 없었던 것이었다. 자기소개서에 쓴 내용들은 분명 직접 결정해서 참여한 내 경험이 맞는데, 내가 그 일을 했다고 하기보다 그 일이 나에게 밀어닥친 듯한 느낌이 더 강하게 들었다.

어쩌면 다른 일들을 하면서도 학원 숙제를 항상 염두에 두고 살았었기 때문에 혹은 훗날을 위한 단순히 자기소개서를 준비였는지도 모른다. 어쨌든 외대부고 합격 통지를 본 직후 가장 먼저 든 생각은

"고등학교 생활은 남부럽지 않게 해주겠어!"

이 결심은 졸업할 때까지 뇌리에 남아 학교생활에 많은 영향을 줬

---

* 외대부고 17기 자연과정. 서울대 시스템 공학부 재학 중. '어떻게든 되겠지'란 마음으로 살고 있으며, 언어학, 화학, 잠, 노래, 그리고 딴짓 하는 것을 좋아함.

대한민국 최고의 아이들은 어떻게 공부하는가

다. 입학과 동시에 10개가 넘는 동아리에 지원했고 언어학 동아리, 사물놀이 동아리, 스턴트 치어리딩 동아리 등 중학교 시절에는 고려조차 하지 않았던 다양한 동아리에 가입하게 되었다. 1인 1기나 학술제, 과제연구기초(창의융합과제연구)와 같이 의무적으로 하지 않아도 됐던 프로그램도 되도록 신청해 보려고 했다.

외부 대회인 독일어 연극 대회와 언어학 올림피아드에 참가해 보기도 했다. 이렇게 고등학교 재학 중에 도전했던 여러 활동 중에서도 가장 기억에 남는 것이 하나 있는데, 바로 '라틴어 수업'이다. 라틴어 수업을 듣는다고 말하면 보통 라틴어를 배운다는 것에 신기해 하면서 왜 라틴어 수업을 듣는지 궁금해한다.

심지어 선생님도 수업 첫날 이 질문을 하셨다. 마음만 같아서는 라틴어의 매력에 대해서 줄줄이 서술하고 싶지만 나와 취향이 다르다면 별로 와닿지 않는 이야기일 것이고 나와 취향이 비슷하다면 매우 높은 확률로 이미 나만큼 라틴어를 좋아하고 있을 것이므로 여기서는 라틴어 공부를 하는 이유보다는 라틴어 수업을 듣기로 마음먹은 이유에 초점을 맞추어 설명을 해보려고 한다. 당연히 라틴어를 공부하는 첫 번째 이유는 라틴어가 좋고 재미있기 때문이다. 하지만 내가 라틴어 수업을 들었던 데에는 그 외에도 몇 가지 이유가 더 있었다.

일단 라틴어 수업을 같이 듣는 친구들과 선생님이 너무 좋았다. 특히 라틴어 선생님은 맨 처음 라틴어 수업 신청하게 만든 지분을 4할 정도 차지한다. 학교 소개 영상에서 봤던 선생님의 수업이 재밌어 보였을 뿐더러 입학설명회를 통해 얼굴을 알고 있었던 선생님이셔서 꼭 한 번 선생님의 수업을 들어 보고 싶었다. 정규수업에서는 만나볼 방법이 없었기 때문에 더욱 더 이 기회를 놓치고 싶지 않았다.

그렇게 1학년 1학기 수업을 들어봤더니 마침 같이 수업을 듣는 친구들이 다들 호응도 잘 해주고 서로 사이도 좋아서 선생님과 합이 너무 잘 맞았다. 한 학기 재밌게 수업을 들은 뒤 다음 학기에는 훨씬 짧은 고민 이후에 수업 신청을 했다. 더 친해진 친구들과 언제나 즐거운 수업을 듣다 보니 수업 신청에 점점 거리낌이 없어졌다. 이렇게 2년 반 동안 자연스럽게 라틴어 수업을 들으면서 처음 목표였던 선생님과 원래라면 접점이 없었을 친구들도 우연히 같은 수업을 듣게 된 동아리 후배들과 친해질 수 있었다.


다음으로 부담 없이 들을 수 있는 수업이 주는 편안함이 있었다. 라틴어는 정규 과목과는 달리 시험이나 숙제도 없고, 진로와 연관 지어 생각할 필요도 없는 정말 재미로만 즐길 수 있는 과목이었다. 성적표를 받아 들고 나서야 깨닫게 된 사실인데 나는 기본적으로 남들이 잘 공부하지 않는 과목을 상대적으로 더 좋아하고 잘하는 경향이 있다. 시험을 봐야 하고 생활기록부에 기재되는 사항이 있다는 공통점을 가진 정규 과목 사이에서도 이런 성향이 나타났는데 서류상으로는 정말 쓸모가 없을 법한 과목은 어땠겠는가. 공부가 공부처럼 느껴지지도 않고 시간이 눈 깜빡할 사이에 흘러가 버리는 몰입감을 매주 2회 이상 확실하게 느낄 수 있는 시간이 라틴어 수업이었다. 이렇듯 입시와는 무관하게 재미가 목적이었던 수업이었는데도 직접 분석한 내용을 학술제에 선보이고 생활기록부에 기재하게 됐을 때의 놀라움과 기쁨은 이루 말할 수 없을 정도였다.

라틴어 수업은 규칙적인 생활에 도움을 주기도 했다. 야간자율학습 시간에 진행되던 수업이라 저녁을 먹고 풀어진 정신을 다시 공부할 수 있게 다잡을 수 있는 시간이 되어 줬다. 이것만 해도 충분히 큰 도움이었는데 라틴어 수업의 진가는 방학에 발휘됐다. 방학 중에 집에서 빈약한 의지에만 기대 공부하는 것 대신 학교에 남아있기를 선택한 까닭은 사실상 라틴어 수업이 열렸기 때문이었다. 일단 학교에 남기로 결정하자 겸사겸사 다른 과목 수업도 듣고 기숙사 규정에 따라 일찍 자고 일찍 일어나는 생활을 하게 됐다. 사실 그런 것 치고도 3학년 여름방학 빼고는 여러 유혹을 뿌리치지 못하고 만족스러울 만큼 공부하지는 않았지만, 집에 남아있었을 경우보다 훨씬 바람직한 생활을 했다는 것은 변하지 않는다.

이 외에 다른 작은 이유까지 모두 포함해서 라틴어 수업은 고등학교 생활에서 활력소가 되어 주었다. 라틴어 수업 말고도 위에 언급된 다양한 활동 덕분에 내가 꿈꾸던 완벽한 학창 시절을 보내고 졸업할 수 있었다. 무엇보다도 뿌듯한 점은 대학교 입시 시점에는 고등학교 입시에서 느낀 허전함이 거의 느껴지지 않았다는 것이다. 되돌아본 3년간의 기억 속에 수동적으로 상황에 휘둘린 장면보다 충실히 하고 싶은 일들을 이루어 나가는 장면이 압도적으로 많은 것이 열심히 살아온 나를 증명해 주는 것 같았다.

5년 전쯤의 나를 만난다면 하고 싶은 말이 있다.

"넌 일반 인문계 고등학교에 진학하는 대신 고등학교 입시를 준비하고 용인외대부고에 지원할 거란다. 고등학교에 가면 새로 생긴 취미 때문에 진로와 크게 상관없는 공부를 자발적으로 할거야. 심지어 너는 이공계로 진학하는데 네가 취미로 공부하는 분야는 반 정도 인문학이야. 그렇다고 이공계를 애정도 없이 오로지 취업 문제 때문에 선택한 것도 아니어서 화학 관련 심화 탐구를 하기도 한단다. 또 별별 활동을 다 해놓고 대학은 정시로 갈 거야."

그 때로 나에게 말한다면 단 한 문장도 믿지 않을 것이다. 난 내가 이렇게 역동적인 삶을 살 수 없을 거라고 생각했다. 그런데 막상 이것 저것 해 보니 재미도 있고 나와 잘 맞기도 했다. 그런데 일을 벌이면서 신기했던 점은 어떤 일을 해도 제대로 하기만 하면 결과적으로는 좋은 결과가 돌아온다는 것이었다.

일을 시작하기 전부터 그런 결과를 의도한 경우도 있었지만 예상하지 못한 장점을 뒤늦게 발견하는 경우도 꽤 많았다. 이런 일들이 쌓이다 보니 내 가치관에도 약간의 변화가 생겼다. 전에는 단지 맡은 일을 열심히 하려고 했다면 이제는 결과에 대해 깊이 생각하지 않고 내가 최선을 다해서 하고 싶은 일을 찾아낸다.

언제까지나 일이 술술 풀리지만은 않겠지만 이미 한 번 스스로에

대한민국 최고의 아이들은 어떻게 공부하는가

대한 고정관념이 깨져본 만큼 앞으로도 최대한 다양한 일에 도전해
보려고 한다.

＊

말은 라틴어로 할 때, 가장 그 효과가 크다.

*Omnia dicta fortiora si dicta Latina.*

# 내 삶의 청사진(Blueprint)
# 사회공헌캠프 멘토 봉사

한예인*

느껴보지 못한 봉사의 힘을 말하지 마라.
진정한 봉사는 결국 나를 성장시킨다.

　외대부고에서만 가능했던 경험들 중 사회공헌SR: Social Responsibility (이하 SR캠프)는 여름, 겨울 방학 때마다 경기도 지역(용인시, 경기 광주시, 구리시)과 타지역(강원도 평창군, 경북 영주, 대구 북구청 등)의 저소득층과 소외계층 어린이들과 함께 외대부고에서 진행하는 정규 프로젝트 행사이다. 경기도 학교 인근 지역과 먼 지역의 경우 학교와 MOU(양해각서) 체결된 지역 학교의 소외계층 아이들이 정규교육 외에 꿈과 희망을 찾는 교육을 받을 수 있는 기회가 적다는 것을 알고, 외대부고 봉사활동 동아리 일원으로서 아이들에게 도움을 주고자 본교의 재정지원을 받아 참여하게 된 봉사활동이다.

---

* 외대부고 17기 국제과정. 존스홉킨스 대학교 환경학전공 재학 중.
　영화부터 환경과학까지 다양한 분야에 관심. '커서 무엇을 하고 싶은지에 대한 답을 찾고 싶어' 외대부고에서 여러 활동을 찾아 활동함. 입시와 학교 생활에 지장이 생기진 않을까 걱정도 했었지만 돌이켜 생각해보니 활동들 하나하나가 학업에 원동력이 되었음을 알게 됨.

대부분 아이들이 의무교육인 학교 교육환경을 너머 캠프나 체험활동 같은 경험을 많이 하지 못하여 어린 시절 추억을 쌓기 힘들다는 점에서 아이들에게 좋은 추억을 남겨주기 위해 노력하는 학생들의 모임이기도 하다. 친한 선배의 소개로 알게된 SR캠프는 1학년이 된 내가 처음으로 선택해 가입을 결심했던 동아리이다. 매달 조금씩 기부활동위주로 봉사에 참여하던 상황에서 직접 사람들과 만나고, 멘토로 무엇인가 도움을 직접주는 봉사를 경험하고 싶어 고민 없이 가입을 결정하였다.

봉사 기간 동안 준비, 수업진행, 상담을 모두 담당하는 멘토로서 학생들을 맞이하기 위해 행사가 시작되기 전, "어떻게 하면 재미있게 수업을 진행할 수 있을까?" 그리고 "어떻게 하면 우리의 캠프가 가장 기억에 남는 추억이 되게 할까?"를 동기 멘토들과 고민했던 기억이 난다. 함께 머리를 싸맨 시간들 때문인지 아이들이 수업을 즐기는 모습을 보였을 때, 노력한 시간들을 모두 보상받듯 보람차다고 느꼈었지만, 만족스럽지 못한 수업이라고 느껴졌을 때는 어떤 부분을 더 보완할 수 있을지 밤새 회의를 하기도 했었다.

좋은 수업이 될 수 있도록 온전히 몰두하였고, 나의 최선을 다한 노력으로 아이들의 표정과 생각이 좋은 쪽으로 영향을 끼쳤다고 생각하니 뿌듯해지도 했다.


인생에서 일주일이라는 시간은 꽤 짧지만 캠프진행을 위해 입소 후 일주일의 생활로 만들어진 시간은 서로를 향한 감정의 깊이는 시간의 길이만으로 판단할 수 없는 것 같다. 헤어질 때 한 아이가 나에게 해준 말은 아직까지도 생생히 기억이 난다.

"제 인생의 마지막 30초가 남으면 여기에서 보내고 싶어요."

하루 종일 물총놀이도 하고 과자집도 만들고 수업도 하고 개인 상담도 하면서 멘토로서 캠프가 끝난 이후에도 아이들이 편하게 연락할 수 있는 형, 언니가 되고 싶다는 생각이 자연스레 들었다. 고등학생이지만 부끄럽지 않은 멘토가 되기 위해 학교 생활에도 성실하게 임하게 되었고 물론 최선을 다한 영역은 다르지만 마음을 다해 진심으로 열정을 쏟은 경험이 있다는 점이 학교 공부를 집중하는 데에도 좋은 영향을 주었다.

"사물을 보는 방식을 바꾸면 보이는 것도 바뀐다."
*If you change the way you look at things,*
*the things you look at change.*

미국의 유명 심리학자이자 작가인 웨인 다이어 Wayne Walter Dyer는 말했다. 지역 사회에 기여한다는 목표 아래 모인 SR캠프이지만 같이 멘토 봉사에 참여 동기와 선배, 후배들이 더 많이 느끼고 배운 점은 서로에게 소중한 추억, 동기부여, 희망이 되어준 경험이었다.

대한민국 최고의 아이들은 어떻게 공부하는가

아이들에게 기억에 남을 한 페이지의 추억을 만들기 위해 최선을 다해 본 경험은 다른 사람을 행복하게 해줄 수 있다는 가치를 알게 해주었고 미래에 내가 하는 일이 세상에 긍정적인 영향을 주었으면 좋겠다고 다시 한 번 다짐하게 되는 계기가 되었다. SR캠프에서 아이들과 보낸 시간들, 함께 봉사했던 멘토들과 더 나은 캠프를 만들기 위해 나눴던 대화들은 내가 학교생활에 성실히 임하게 된 계기이자 선한 영향력을 갖고자 하는 지금의 중심 가치관이 되었다.

고등학교 시절 공부와 입시만으로도 바쁠 시기이지만 현재의 내 모습을 더 나아지게 하고 미래의 내 모습에 대해 상상하게 한 SR캠프가 외대부고에서 한 활동 중에 미래에 대한 내 삶의 청사진Blueprint을 그리는 데 도움이 된 활동으로 꼭 소개하고 싶었다.

자신을 위해서가 아니라 모두를 위해서.

*Non sibi, sed omnibus.*

# 파란만장한 고등학교 생활의 중심은 플래그풋볼

안유민*

> 어려움은 나의 불안감에서 비롯된다.
> 믿음과 신념은 불안감을 잠재울 수 있으리라.

플래그풋볼Flag football은 풋볼의 한 형태로, 플래그(띠)를 뜯어서 상대팀을 방해하는 방식으로 진행된다. 일반적인 풋볼과는 다르게 신체적인 접촉을 없애 더 안전하고 다양한 연령대가 즐길 수 있도록 변형한 풋볼 게임이다. 아마 처음 들어본 사람들이 대부분일텐데. 나역시 외대부고에 합격했던 16세의 겨울에 이 운동을 처음 알게 되었다. 나보다 4년 먼저 외대부고를 졸업한 친언니가 원화WONHWA라는 동아리에 한 번 지원해보라고 제안했을 때, "원화? 플래그 풋볼 동아리? 음 나쁘지 않네." 그 때 나는 한참 태권도에 빠져 있었던 시기라서 외대부고에 태권도 동아리가 없다는 사실에 낙담해 있었었다. 대신 '무엇

---

* 외대부고 17기 자연과정. KAIST 새내기과정학부 재학중.
  1학년 때, 국제계열에서 MIT 언어학부에 진학하는 꿈을 꾸었으나, 2학년 올라갈 무렵 의대 진학을 생각하고 (자연계열로) 전과를 함. 3학년이 되어 다들 수능 공부를 할 때 연구활동에 생각이 바뀌어 카이스트에 진학. 파란만장했던 외대부고 생활에서 꾸준한 중심은 플래그풋볼 활동이었음.

　　　　대한민국 최고의 아이들은 어떻게 공부하는가

이라도 운동은 하면 좋을 것 같다'는 생각에 무심히 원화라는 플래그 풋볼 팀에 지원했던 기억이 난다. 원화에서 할 활동들이 내게 얼마나 소중한 경험이 될지 그 때는 미처 몰랐었다.

'원화' 동아리에서 첫 훈련은 외대부고 중앙의 월드플라자에서 '풋볼 공을 던지는 방법'을 배우는 것이었다. 내 인생에서 처음 본 풋볼 공은 내가 알던 공과는 참 다르게 생겨서 신기하고 당황스러웠다. 구형이 아니라 길쭉했고 딱딱해서 손에 잘 잡히지 않았다. 어색한 공 모양만큼 선배가 알려준 공 던지는 방법은 참 생소했고 신입생 중에서 공 한번 제대로 던질 수 있는 친구는 한 명도 없었다.

그래도 매주 훈련에 나가서 체력훈련을 하고 공 던지는 연습을 하다 보니 점점 실력이 늘었었다. 아예 할 줄 모르던 운동을 조금씩 배워 나가는 내 모습이 대견하고 뿌듯해서, 나중에는 의무 훈련 시간이 아니더라도 거의 매일 점심시간이나 수업 끝나고 생기는 짬 시간에 친구들과 함께 연습을 했었다.

사실 그 때가 코로나로 인한 격리 상황이 그제서야 조금씩 풀어지던 상황이어서 코치도, 방과 후 수업도 없었다. 선배들한테 배운 것은 '공 던지는 것과 라우트 뛰는 것*' 두 가지뿐이었지만, 친구들과 함께 매일 연습하고, 매주 발전하는 우리들을 보는 것이 정말 즐거웠다. 같은 방향을 향하는 열정을 공유하며 친구들과도 정말 친해졌다.

---

\* 달려나가는 선수(리시버)에게 타이밍 맞게 공을 던져 리시버가 받을 수 있도록 하는 훈련

2학년에 진학하면서 나는 국제계열에서 자연계열로 전과했지만 원화 활동은 계속 이어 나갔다. 1학년 때 느꼈던 국제반의 분위기와 2학년 국내반의 분위기는 너무 많이 달랐다. 가장 큰 차이점은 국내반에서는 모든 일과 시간과 모든 자율학습 시간에 모두가 오직 학업과 연관된 연구 또는 공부만 한다는 것이었다. 그 분위기 속에서 운동을 계속 하는 것은 정신적으로 쉽지는 않았던 것 같다.

분명히 하고 싶어서 나간 원화 훈련이지만, 앞서서 수학 문제를 풀고 있었던 짝꿍의 모습이 눈에 밟히면서 가끔은 '내가 시간을 낭비하고 있는걸까?' 생각이 들기도 했다. 하지만 원화와 공부를 병행하면서 오히려 효율적으로 시간을 관리하는 방법을 배울 수 있었다. 평소에는 별 생각 없이 친구와 떠들거나 유튜브 시청을 했을 시간을 활용해 그 날의 해야 할 일을 미리미리 끝내놓는 습관을 들이니 훈련을 가는 것이 더 이상 죄책감이나 회의감을 불러일으키는 원인이 아니라 보상과 성취감을 주는 일로 바뀌었다. '오늘은 원화 갈거니까 미리해야지' 하는 생각에 쉬는 시간이나 수업이 일찍 끝났을 때의 시간을 활용해 조금 더 부지런히 공부할 수 있었다.

공부와 즐거운 활동을 병행하며 공부에 활력을 불어넣는다. 참 이상적으로 들리지 않은가? 고3에게는 이 이상적인 이론을 적용하기 쉽지 않았다. 아무래도, 미리미리 공부를 끝마쳐놓는 것에도 한계가 있고, 대한민국의 고3들은 먹고 자고 씻는 시간 외에는 거의 공부만 해도 벅차다. 게다가 나는 수능공부만 했던 것이 아니라 벌여놓은 이런 저런 탐구활동도 있고 학술적인 동아리 활동도 있었어서 꽤나 바쁜 학생이었다. 하지만 고3이 되어서도 원화 활동을 끈을 놓지 않았다. 그 가장 큰 이유는 정신적인 웰빙을 위해서였다.

1, 2학년 때 부상이나 시험기간 등의 이유로 잠시 원화 활동을 쉬었을 때마다 공부 방법, 시험 성적, 미래, 친구관계 문제 등에 대한 걱정 때문에 공부에 집중이 잘 되지 않았고 심란했었다. 고등학교 3학년 학생이자 수험생으로서 나는 건강하게 스트레스를 해소하고 공부에 집중하기 위해 간헐적으로 원화 훈련에 참여하고 가끔은 친구들과 저녁 시간에 캐치볼을 하며, 스트레스 받는 일로 가득한 고3 생활을 슬기롭게 헤쳐 나갈 수 있었다.

2학년에 올라가는 시점에 원화에 대해 가장 크게 고민했던 기억이 있다. 윗 기수 선배들이 입시에 집중하느라 개입하지 않는 상황에 맞닥뜨린 후에야 벌써 신입생을 가르쳐야 하는 입장이 되었음을 깨달았다. 게임 규칙도 배운 적이 없고 전문적으로 운동을 가르치는 방법을 배운 것도 아니었기에 정말 막막했지만, 이대로 원화가 사라지게 할 수는 없다는 책임감이 발동했었다. 친구들과 함께 그제서야 규칙도 공부하고, 여러가지 유튜브 영상들을 참고하며 주도적으로 활동을 이어갔다.

개인적으로는 내가 원화 활동을 통해 느꼈던 발전의 즐거움과 짜릿함을 다음 기수 친구들에게도 꼭 알려주고 싶었다. 아마 나와 함께 플래그풋볼을 즐겨줄 친구 수를 늘리고 싶었던 것도 있었을 것이다. '이렇게 재밌는걸 나만 할 수 없지!' 이런 마음이지 않았을까 싶다. 이처럼 학생 공동체의 방향에 대해 주도적으로 고민하고 직접 팀을 이끌어 전국 대회에서 수상까지 한 경험을 카이스트 자소서에 작성하여 좋은 결과를 얻기도 했다.

플래그풋볼에 열정을 쏟았던 경험은 내 학교생활에 큰 의미를 부여했었다. 이 활동을 통해 목표를 가지고 노력하는 것의 중요성을 배웠고, 협력과 리더십을 배웠으며 무엇보다 평생 소중히 간직할 추억을 남겼다.


'고등학생들은 공부만 해야 하고, 그렇게 해도 좋은 대학에 진학하기는 힘들다고?'


나는 조금 다르게 생각한다. 공부 물론 해야 하지만 공부만 하기에는 학창시절이 너무 아깝다. 열정을 쏟으며 다양한 경험을 쌓는 것이 중요하다 생각한다. 내가 투자했던 열정은 어떻게든 티가 나기 마련이니 말이다. 그게 운동이 될 수도 있지만, 게임이나 영화, 언어, 심지어는 덕질이 될 수도 있다. 내가 생각하는 자사고의 장점도 이것과 연결되어 있다. 다양한 활동을 접할 수 있는 기회가 많이 주어지고 다양한 주제에 관심을 가진 사람들을 많이 만날 수 있어 학생들의 스펙트럼을 넓혀준다는 것이다. 학생 성향마다 다르겠지만, 나에게는 이러한 외대부고에서의 경험들이 고등학교 생활과 입시, 그리고 대학 생활과 그 후의 여러 도전들에 좋은 추진력이자 원동력이 되어주었다.

난관들을 헤치고 별을 향해 가라.

*Per Ardua ad Astra*

# 고등학생 No!
# 이젠 난 벤처기업 「Fence」 대표

홍진솔*

> 하고 싶은 것을 위해 다른 것을 양보를 했지만 양보가 아니라,
> 내 미래를 챙긴 것을 알기에 나는 오늘도 계속 성장한다.

부산에서 중학교를 다니던 시절, 나는 흔히 말하는 모범생의 표본 같은 학생이었다. 학생회장에다 수석 졸업에 거의 모든 선생님, 친구들과 사이가 좋았다.

외대부고라는 목표가 원동력이 되었기에 가능했던 것 같다. 당시 화제였던 '미미미누'와 '샤론 최'를 보며, '외대부고 졸업생들은 본인 능력으로 성공할 수 있는 사람들이구나'라는 기대를 가졌었다. 점점 학벌보다 능력이 중요한 시대로 향하고 있었고, 그런 흐름 속에서 좋은 친구들과 하는 여러 동아리와 훌륭한 선생님들의 다양한 수업들을 가진 외대부고는 최고의 인큐베이터가 될 거라고 생각했다.

일반고에 갔을 때보다 내신이 안 좋아질 수도 있고 오히려 원하는 대학에 못 가게 될 수도 있지만, 용인에서 3년이 대학 간판 이상의 것

---

* 외대부고 17기 국제과정. Purdue 대학교 재학. 리걸테크 스타트업 펜스(Fence) 대표.

을 가져다 줄 것이라고 믿었다. 그런 마음 가짐으로 중학교 시절을 꾸준히 열심히 보낼 수 있었다. 시험기간 내내 내 오른손 검지 손가락에는 'HAFS 17'이라는 붉은 글씨가 자리를 지켰었다. 외대부고 입시 준비를 하며 경제학 공부를 했는데, 이전에 배웠던 것들을 너머 유튜브의 여러 교수님과 전문가들의 강의를 시간 가는 줄 모르고 들었다.

한 달 동안은 독서실에서 매일 저녁을 거르고 공부만 했는데 그렇게 신날 수가 없었다. 12월 26일, 부산에서부터 5시간을 이동해 학교에서 면접을 보고 나오는 길이 아직 생생하다. 하고 싶은 말을 다 하고 나왔고 더 이상 당락은 중요하지 않았다. 내가 성장했음을 스스로 알았기 때문이었다.


입학 후에 가장 힘들었던 선택도, 가장 많은 변화를 가져온 선택도 가장 잘했다고 생각하는 선택도 국제과정이었다. 외대부고는 국제과정과 국내과정으로 나뉘어져 있는데 말 그대로 해외대학을 준비하는 과정과 국내대학 진학을 준비하는 과정이다. 입학 당시에 국제트랙을 선택했으나 일주일에 두 시간 정도를 제외하고는 1학년 모두가 같은 수업을 듣기에 대회 몇 개 더 나가는 것 외에는 큰 차이가 없었다.

그러나 1학년 2학기 초에 2학년 선택과목 수강신청을 할 때, 국제트랙으로 선택을 하게 되고, 2학년 때부터는 완전 다른 길을 걷게 된다. 1학년 첫 학기 때는 기숙사에 적응도 해야 하고, 새로운 친구들을 사귀며, 서울말도 배우고 훨씬 어려워지는 수업과 다양한 동아리 지원과 면접까지 한 끝에 시험까지 치면 정신 없이 빠르게 시간이 지나갔다. 그렇게 진로에 대해 충분히 생각하지 못한 채 운명을 가르는 결정을 하게 된다. 막연하게만 유학가고 싶나는 생각이 아니라 실제로 20대 초중반을 고국을 떠나 미국에서 보내겠다는 선언을 하는 것이었다. 산초선생님과 아버지와 상담한 것이 많은 도움이 되었고, 국제과정에 남기로 결정하겠다는 계기가 되었다.

미국 입시는 준비해야 하는 항목이 아주 많다. 내신, SAT, AP, 에세이, 과외활동 등이 대표적이다. 내가 집중한 활동은 리걸테크였다. 중학교 2학년 때 인터넷에서 로앤컴퍼니의 로톡Lawtalk을 접하고 리걸테크를 처음 알게 되었고, 세상에 분명 필요한 것이라고 생각했다. 그리고 변호사가 된 후에 언젠가 리걸테크 사업을 하겠다고 마음을 먹었다. 리걸테크는 법률과 기술이 합해진 용어로 법률적으로나, 기술적으로나 고도화된 전문지식이 필요했지만 못 할거 없다는 생각으로 시작했다.

고1 때 선배들을 따라 참여한 여러 창의력발명대회에서 좋은 성과를 거두며, 자신감이 높아진 상태에서 2학년 때는 나의 아이디어로 성과를 내고 싶어 졌었다. 처음부터 사업을 하려고 한 것은 아니고, 비즈니스 아이디어 대회 출품 정도만 구상했었다. 그러나 2학년 내내 갖은 노력을 했지만 큰 성과는 나타나지 않았다. 활동에 너무 많이 시간을 투자하는 통에 SAT나 AP 점수도 챙기지 못했었다. 그야말로 처음 겪은 '슬럼프'였다.

2학년이 끝나갈수록 대학 입시에 대한 압박감도 커졌고, 스스로에 대한 의심까지 겹친 최악의 한해가 되었다.

외대부고에서의 마지막 겨울방학, 리걸테크에 내 운명을 걸어보기로 했다. 이제는 펜스Fence라는 이름을 달고, 아이디어가 아니라 실제 스타트업의 형태를 갖췄다. 나는 대입을 위해서는 AP도 해야했고 SAT도 해야 했으며, 이제는 에세이도 작성을 병행해야 했다. 시간관리를 철저히 해서 깨어 있는 시간을 삼등분하여 하나는 학생, 하나는 사업가, 하나는 작가로 살겠다는 계획을 짰다. 생산력이 가장 높은 오전시간은 펜스에 할애했다. 그렇게 오전에는 사업계획서를 붙잡고 점심 먹고부터는 SAT 기출문제와 AP 강의에 매달렸으며, 저녁부터는 사색을 통해 인생을 돌아보며 대학교에 나를 소개하기 위한 글을 작성했다. 하루 종일 사업과 공부를 하다 성찰까지 하니 점점 스스로가 뚜렷해졌다.

나는 뭘 잘하고 뭘 좋아하는 사람인지 중학교까지는 공부만 했고, 나름 잘했기에 좋은 대학교에서 학문을 배우고 싶었다. 외대부고 입시 준비를 할 때와 펜스를 할 때의 기억이 오버랩되면서 확신이 생겼다. 스스로 사회구조를 파악하고 가치를 창출해내는 솔루션을 구상할 때 벅참을 느낀다. 이 사업을 해야만 했다. 그렇게 펜스에 더 많은 시간과 열정을 태웠고 23년 4월, 중소기업벤처부에서 5,700만원의 사업비를 지원받았다.

그 후로 고려대 인공지능학 박사님을 팀에 모실 수 있었고 학교에서 가장 뛰어난 친구 한 명과 후배 세 명이 합류하여 펜스는 승승장구했다. 창업유망팀 300 도약트랙에 선정되어 경제 부총리 인증서도 받고, 컴업스타즈 2023에 선정되어 서울DDP 무대에서 발표를 했다. 작년에는 예선 탈락했던 SAGE 창업월트컵에서 국내 1위, 세계 2위를 차지한 데에 이어 법무법인 율촌의 AI 담당자님과 미팅까지 진행했다. 그리고 중2 때 처음 리걸테크를 알려준 동경하는 기업 로앤컴퍼니가 한국경제와 인터뷰한 기사를 보고 연락을 주어 본사에서 교류 미팅을 할 수 있었다. 중학생 때 지루한 시험공부를 인내하며 '외대부고는 대학 간판 너머의 것을 줄거야.'라며 달랜 스스로에게 부끄럽지 않은 3년을 보낼 수 있었다.

폭풍 같았던 지난 3년은 커리어 뿐만 아니라, 삶에서 소중한 것들을 깨우치게 해준 시간이었다. 하고 싶은 일을 다 해보고 더 이상 대입은 중요하지 않았다. 난 성장했음을 스스로 알았기 때문이다.

잘하는 것을 해야 만족스럽게 빠르게 할 수 있다.
*Sat celeriter fieri quidquid fiat satis bene.*

# 힘들지만, 나 스스로 결정해야 해!

신상헌*

어른이 되어가며 가장 중요한 자세 중 하나인 주도성은
의도적으로 기른다고 쉽게 생기지 않는다.

학생으로서 자신의 진로에 대해 언제부터 생각했는가? 어떤 학생
은 자신의 관심분야를 일찍부터 찾아서 깊이 있는 지식을 쌓기도 하
고, 어떤 학생은 특별한 꿈 없이 흘러가는 대로 살다가 자신의 진로를
선택하기도 한다. 나의 경우는 전자에 더 가깝다고 볼 수 있다. 미국으
로 가서 공부하고 내가 원하는 높은 수준의 학업적 성취를 이루는 것
은 나의 어린 시절부터 세운 목표였다.

용인외대부고로 처음 입학했을 때 비로소 나는 그 목표에 가까워
졌다고 느꼈다. 하지만 미국에서 1년을 공부한 지금의 나를 돌아보면
고등학교 1학년의 나는 너무나도 부족했고 너무 달랐다.

---

* 외대부고 16기 국제과정. 현재 위스콘신 매디슨 대학에서 화학을 전공.
Pre-Med 프로그램에 참여하며, 졸업 후에는 의대에 진학하여 의사가 되고자 함.
"대풍을 일으켜 구름을 날리리라. 해내에 위험을 떨치고 고향으로 오리라!
목표한 바를 얻어서 사방을 놀래리라!"

미국에서 보낸 1년간 누구보다 바쁘게 살았다고 자부할 수 있다. 고등학교 졸업 후 의대를 진학할 수 있는 한국과 달리 미국의 의대는 학부 졸업 후 다시 입시 과정을 거쳐 들어가는 경우가 대부분이기에, 고등학교 생활을 반복하는 기분으로 지난 날의 내가 아쉬웠던 것을 보완하고 좋았던 것은 부각시키는 것에 집중했다. 여러 의학 동아리에 가입하여 사람들을 만나면서 새로운 땅에서 나의 강점이 될 만한 활동과 경력을 시작했고, 학점 관리와 현지 친구 만들기는 수월하게 해냈다. 미국 병원에서 누구도 한국에서 온 신입생을 써주지는 않기 때문에 입시에 필요한 병원 쉐도잉을 2학년부터라도 참여할 수 있는 수단을 마련했다. 와중에 학교가 주최하는 프로그램에도 참여하며 개인이 아닌 학교의 구성원으로서 성장하는 모습을 보이고자 했다. 비록 이력서는 이제 채우기 시작했지만, 앞으로 쓸 새로운 이력의 근간은 잘 마련했다.

중학교 시절까지의 나는 오직 눈앞의 과제에만 집중했다. 꿈이나 특별한 관심분야는 없어도 목표와 잘하는 분야는 확실했기에 눈앞의 시험, 눈앞의 수행평가, 눈앞의 입시에 온 힘을 다했고, 그 결과는 항상 좋았다. 그러나 외대부고에 입학한 1학년에게는 그 전과는 다른 시련이 주어진다. 눈앞의 일은 해야 할 큰 과제의 일부였고, 누구도 먼저 할 것을 주지 않았다. 동아리에 가입하고 여러 학교 활동에 참여하는 것은 나서서 알아보지 않으면 알 수 없는 것들 투성이였고, 그것과 같이 오는 인맥들과 정보는 놓치기 쉬운 것이었다. 수없이 많은 동아리

중에서 3개만을 선택했으나, 다행히도 좋은 선생님과 친구들의 도움으로 시스템에 적응하고 앞으로 준비해야 할 것들을 배우게 되었다. 두 이야기를 얼핏 들으면 어리고 미숙한 학생과 한 차례 입시를 겪은 학생의 차이라고 할 수 있으나, 이는 사실 단순한 태도의 차이이다. 자신의 삶을 대하는 데에 있어 주도적으로 행동하여 필요한 정보를 찾고 그것을 제공해줄 수 있는 사람에게 요청하는 것은 목표에 더욱 가깝게 해준다. 어른이 되어가며 가장 중요한 자세 중 하나인 자기 주도성은 의도적으로 쉽게 생기지 않는다. 오히려 환경에서 그것을 지속적으로 요구할 때 습관처럼 길러지는 것에 가깝다. 동기부여를 하는 것을 넘어 끝없이 자신을 몰고 새롭고 높은 수준의 역량을 향해 스스로 달릴 줄 알아야 한다.

내가 처음 물리 동아리 IMPACT에 들어갔을 때가 떠오른다. 뒤늦게 동아리의 필요성을 느껴 1학년 2학기에 가입한 IMPACT는 높은 수준의 물리 지식을 요구했다. 일반 물리학을 배우는 것을 넘어 그 이론이 익숙해야 대회 수준의 문제를 풀 수 있었으며, 물리를 재미있게 느끼는 마음만으로는 좁혀지지 않는 차이가 있었다.

누가 도와준다고 해결되는 것이 아닌, 스스로 역량을 끌어올려야 했고 학원보다 더 빠르게 익힐 수 있도록 홀로 달리는 것을 선택했다. 매번 부모님으로부터 받던 동기부여는 이제 자신의 목표와 꿈으로 채워졌다. 막힐 땐 주위의 좋은 사람과 환경을 활용하며 인생에서 그 여느 때보다 빠르게 성장하여 대회에 참여하고 있었다.

이때를 시작으로 다른 친구들과 좋은 아이디어로 프로젝트를 시작하고, 흥미롭거나 도움이 될 만한 대회를 찾아보고 참여하는 것이 일상이 되었다. 모든 활동이 성공적이었던 것은 아니고 돌아보면 시간과 자원을 너무 많이 낭비한 선택도 있었으나, 그 당시의 내가 최선이라고 생각하고 한 선택이었으며 다시 돌아간다면 같은 선택을 할 것이다. 자율성을 기반으로 하지만 지원이 필요하다면 형태는 다양했기에 미국 대학 입시를 준비하기에 적합한 환경이었다.

미국에서 공부하는 것은 상상하던 것보다 더 어렵고 복잡하다. 그리고 그것이 나와 같은 의대과정이라면 더더욱 그렇다. 4년의 학부 졸업 후 합격한 의대에서 4년 동안 공부하고 나서야 레지던트 생활이 시작된다. 의대에 들어가기 위해 병원에서 일하고 봉사시간을 충분히 확보하는 것에 더해 학점과 활동들을 철저히 최상위 수준으로 유지했던 학부 생활은 의대에 입학하면 아무것도 아닌 수준일 정도로 더 바쁘고 힘든 날들이 시작된다. 심지어 아무 연고도 없는 지역의 병원에 가서 입시에 필요한 쉐도잉 활동을 시켜달라고 하는 것은 계란으로 바위를 치는 것처럼 어려운 일이기에 의학 동아리와 같은 단체의 힘을 빌려 활동시간을 채우는 수밖에 없다. 이에 유학생활은 외딴섬이라고 느낄 수밖에 없다.

친한 친구들이 있는 것과는 별개로 나의 길은 누군가와 함께 가는 것이 아닌 홀로 오랫동안 달리는 것임을 일찍이 느꼈기에 어딘가 모를 쓸쓸함이 함께한다. 새로운 환경에서 적응을 못하고 다시 돌아가는 경우는 심심치 않게 볼 수 있다.

　나는 이때 경험의 중요성을 강하게 느꼈다. 기숙사라는 새로운 환경, 멀리 떨어진 부모님, 새로운 룸메이트와의 하루, 예상치 못하게 강하게 요구되는 역량은 마치 대학을 미리 경험한 느낌이었다. 비록 성인과 자유로움이 다르지만, 자신에게 오는 신선한 충격만큼은 지금 돌아봐도 대학보다 더하면 더했지 덜하지는 않는다. 이런 환경을 견디고 자신의 목표를 이루는 경험은 미래에도 영원히 남을 중요한 기억이다. 이는 긍정적인 경험만이 아닌 부정적인 경험도 포함이다. 자신이 실패하고 방황하는 경험에서 반면교사로 삼거나 배워갈 만한 것들은 미래의 자신의 중요한 일부분이 될 것이다.

　처음 외대부고를 지원할 때 마음은 그저 좋은 고등학교를 가서 좋은 대학을 간다는 것이 전부였다. 하지만 이곳은 사실 그 이상을 의미한다. 남이 끌어주는 수레에 잘 타려고만 노력했던 사람은 이제 스스로 서고 걷는 것을 넘어 더 빨리 달리고자 노력하게 되었다. 육체적으로도 정신적으로도 피로한 날들의 연속이었지만 미국에서 목표한 것 이상을 성취하며 수월하게 보낸 첫 해를 생각하면 그 시간은 전혀 아깝지 않다. 과거로 돌아간다면 많은 것들을 되돌릴 지도 모른다. 하지만 나는 내가 외대부고에 지원하던 그 순간은 되돌리지 않을 것이다.

행운은 용감한 자들에게 호의적이다.

*Fortes fortuna adiuvat.*

# 자립의 시작은 외대부고 생활로부터

박호찬*

내가 선택하고 내가 결정하는 것이
그때는 어려웠으나, 그것이 지금의 나를 있게 했다.

전교생이 1,600명밖에 안 되는 굉장히 작은 규모의 대학교를 다니며 일 년간 입버릇처럼 했던 말은 "조금 큰 외대부고에 다시 다니는 것 같다"였다.

대학 생활을 하다 보면 학교의 스케일이 조금 더 큰 외대부고라는 느낌을 문득 받을 때가 많았다. 비단 대학의 규모가 작아서 그렇게 느낀 것만이 아닌 수업, 캠퍼스, 기숙사 등 생활 전반에서 비슷함이 느껴졌다. 고등학교 때 공부했던 내용이 수업에서 나오기도 하고, 이전에 겪었던 경험과 유사한 상황을 다시 마주하는 경우가 종종 있었다.

그런 점에서 외대부고를 다닐 당시에는 알지 못했더라도, 지금 되돌아보면 그때 배우고 느낀 것이 많아 현재 미국에서의 나에게 큰 도

---

* 외대부고 16기 국제과정. 미국 펜실베니아주에 위치한 스워스모어 칼리지에서 경제학, 수학 전공. 평소 춤추는 것을 좋아해 외대부고 재학시절 복도에서 춤을 추다 산초 선생님께 걸려 이후 별명이 '복도에서 춤추는 애'가 됨.

움이 됐다는 것을 깨달았다.

외대부고에서 만난 인연들이 미국 생활에 있어 가장 큰 도움이 됐다. 물론 선생님, 친구와 미국에서 서로 연락하고 의지하며 얻은 직접적인 도움도 있었지만, 고등학교에서 만난 사람들과 나눴던 경험이 미국에서 생활하는 데 있어 발판과 같은 역할을 해주기도 했다.

미국에서 교수와 학생의 관계는 상당히 긴밀하다. 특히 현재 재학 중인 리버럴 아츠 컬리지는 교수님이 본인의 연구보다 교육에 훨씬 신경을 많이 쓰기로 유명하여 학생이 교수의 집에 초대를 받는 일이 흔할 정도이다. 정해진 면담 시간인 근무 시간 외에도 학생이 원하면 교수가 적극적으로 시간을 마련하여 면담을 해주고 정신적으로도 의지할 수 있는 존재가 되어주기도 한다.

사실 이런 환경은 외대부고에서도 별반 다르지 않았기 때문에 나에게 크게 낯설지 않았다. 창업 대회 발표 준비를 할 때 사회 선생님께 찾아가 피드백을 받곤 했고, 입시 중 지칠 때는 담임 선생님이 흔쾌히 상담을 해주시며 감정적인 이야기도 나눴다. 이 경험을 토대로 나는 대학에서도 적극적으로 교수님과 소통하고 의지하며 지낼 수 있었던 것 같다.

미국 대학을 다니며 공부 다음으로 가장 많은 시간과 노력을 투자했던 분야는 춤이었다. 교양 수업으로 힙합 댄스 수업을 들었고, 처음으로 스트릿 댄스 배틀에 나가보고, 유명 댄스 크루의 수업을 들으러

다니기도 했다. 또 댄스 동아리에 들어가 학기말에 공연도 하고, 행사가 있을 때마다 케이팝 댄스 공연을 하곤 했다. 내가 좋아하고 관심이 있는 분야의 활동을 직접 찾아 활발하게 참여하는 습관은 외대부고 때부터 길러졌다고 생각한다. 학문이나 취미에 있어 좋아하는 분야가 뚜렷한 사람들이 모여 있는 커뮤니티에 있다 보면 자연스레 나 자신도 마찬가지로 무엇을 좋아하는지 고민하게 되고, 그 분야를 파고들게 된다. 또 관심사가 비슷한 친구를 만나게 되면 같이 공부도 해보고 대회에 나가기도 하는 등 다양한 활동을 할 수 있게 된다. 여기에 미국 대학과 외대부고는 학생들이 가진 관심사를 뒷받침해줄 수 있는 선생님, 수업, 교내활동을 가지고 있기 때문에 이 관심사를 지속해 나갈 수 있는 것 같다. 지금 돌아보면 내가 미국에서 좋아하는 춤에 계속 도전할 수 있었던 것도 외대부고 시절 스트릿 댄스 동아리, 축제 공연 등 관심이 가는 분야를 찾고 또 꾸준히 해왔기 때문이다.

미국 대학을 다니면 스스로 문제를 해결해야 하는 상황이 많이 생기곤 한다. 대학 생활 자체가 성인으로서 주체적인 생활을 해야 하는 것도 있지만, 물리적으로 해외생활은 스스로 선택하고 해결해야 하는 상황을 많이 더 마주하게 된다. 대학에서 많은 친구들이 수강신청부터 기숙사 생활 등에 있어 힘들어 하는 것을 보았는데, 나는 고등학교 때부터 스스로 많은 것을 했기 때문에 적응을 잘 할 수 있었다. 특히 본가가 부산인 나는 먼 거리 때문에 집에 자주 하지 못했다. 길면 세 달까지도 독립적으로 학교 생활을 했고, 공부를 할 때에도 인간관계에 있어서도 나에게 집중하며 스스로 헤쳐 나가보려고 노력했던 것 같다. 물론 내가 내린 결정이 틀렸을 때도 많았고 외롭기도 했지만 용인보다 본가에서 더 멀리 위치한 미국 대학을 다니는 지금의 나에겐 없어선 안되는 시간이었던 것 같다.

외대부고 생활을 되돌아보면 나에 대해서 처음 깊이 있게 고민해보고 그 생각들을 스스로 행동으로 옮겨볼 수 있는 환경이 잘 조성되어 있었고, 그렇기에 대학과 인생에 있어 귀중한 시간이었던 것 같다.

영원히 살 것처럼 배우고, 내일 죽을 것처럼 살아라.
*Disce quasi semper victurus, vive quasi cras moriturus.*

# 공부의
# HAFS 명장

틀에 넣고, 생각을 막아 버린다.
무엇이 중요한 것인지, 즐기길 바라는데…

대한민국에서 '명장(名匠)'이라고 하면 산업현장에서 최고 수준의 숙련기술을 보유한 사람에게 부여하는 최고의 명예로 알려져 있습니다. 그런데 이와 비슷한 이름으로 명인, 무형문화재 보유자, 문화재 전승교육자 등 명칭을 혼란하게 사용하며 말도 많고 탈도 많습니다. 이유는 국가에서 인증하는지, 민간단체 등이 인증하는지에 따라 신문 기사꺼리가 될 정도로 말이 많아서 아마도 여기에 똑같이 '공부의 명장'이라고 쓰면, 그거 누가 누가 인증한거냐라는 시비가 있을 것 같아 미리 말을 해둡니다.

"그래! 네가 명장이구나~♪"

이 소리는 경기도 용인 모현읍 왕산리의 어느 숲 속 학교에서 상담하다가 무릎을 치며 감탄하여 한 소절 읊는 산초 선생입니다. 저는 높은 점수만 따기 위해서 기를 쓰면서 공부하는 학생을 좋아하지 않습니다.

'정말 즐길 수 있는 아이일까?'
'좋아하는 미래도 같이 그리고 있는 것이 맞을까?'

산초 선생이 여기에서 쓰고 싶은 이야기는 일반적으로 말하는 '모범생'을 소개하려 하기보다는 '정말 네가 공부하는 내용이나 방식이 너무 좋다'라고 생각하는 아이들을 소개하려고 합니다.

한국은 항상 모범생을 추구하는 경향이 강하여 그냥 책상에 앉아 책만 보고 있어도 칭찬합니다. 초등학교 들어가 글자도 헷갈리는 아이들에게 구구단을 넘어 19단을 외우게 한다는 뉴스 기사를 볼 수 있고, 중학교 들어가면 수학을 100문제씩, 영어도… 문제집 이름도 무시무시한 3천 개가 넘는 문제를 가지고 있다는 책까지 있습니다.

아이들에게 진정 말도 안되는 일이 벌어지는데, 어떻게 비유하면 이해할까요? 지금 사오십 대라면 누구나 공감할 그 시대 학교에서 최고의 고문 '깜지'를 몇 장 써서 내라는 것 같은 느낌을 아이들이 받고 있는 것은 아닌지 모르겠습니다.

한국 부모라면 아이가 구구단을 비롯한 연산을 못한다는 것을 용납을 못합니다. 그래서 연산을 전문적으로 훈련시키는 문제집도 있습니다. 우리 애가 어렸을 때 그 많은 문제를 풀면서 인상 팍팍 쓰고 있던 것을 본적이 있어서, 그 책 하지 말라고 말렸던 기억이 있습니다. 여기서 잠깐 그럼, 아이가 수학을 못하면 어떻게 하냐고 하시는 부모님께 질문을…

대한민국 최고의 아이들은 어떻게 공부하는가

"미국은 수학시험에 계산기를 쓰게 하는 이유가 뭘까요?"

그 이유에 대해 생각하기 전에 "그러니 해외 나가면 우리나라 애들이 정말 수학을 잘하고, 상위권을 휩쓸어요"라고 말합니다. 그럼 미국에서도 연산이 중요하다는 것을 뻔히 알텐데, 시험에서 버젓이 계산기로 풀어라고 말하는 이유는 계산의 실수를 하느냐 마느냐가 중요한 게 아니라 수학 문제를 어떻게 해결해야 할지 그 과정이 더 먼저라고 생각하기 때문입니다. 마찬가지로 대학을 갈 때도 무엇을 공부할지 중요한데 한국은 대부분 전공보다는 학교가 우선이고, 학교가 만족스럽게 맞춰지면 그제야 전공을 묻는 것은 이제는 입이 아픕니다.

앞에서 말했던 것처럼, 이번 'HAFS 명장' 부분에서는 수능 모의고사 점수 높은 사람, 내신이 유난히 상위권인 학생을 기준으로 학생을 찾은 것이 아니라, 산초가 평상시 보면서 눈여겨보던, '난 이게 너무 좋아, 나의 공부하는 방식은 분명히 이렇다' 말할 수 있는 정말 '산초식 공부의 명장'들을 소개합니다.

우리는 행동에 의해 평가받는다.

*Spectemur agendo.*

# 모든 현상의 이유를 설명해 주다니

허재이*

좋아서 하는 모든 것들은
어떻게든 나에게로 돌아오는데,

나의 기억이 닿는 가장 먼 과거의 순간부터 난 호기심이 많은 아이였다. 모든 말들에 '왜?'라고 질문하며 어른들을 곤란하게 만들기도 했었다. 언제나 궁금증이 넘치던 나는 물리를 좋아할 수밖에 없었다. 모든 현상의 이유를 설명해주는 학문이라니…! 심지어는 그것을 숫자와 수식으로 설명해 주다니…! 사랑에 빠지지 않을 수 없었다.

물리와의 첫 만남은 그다지 아름답지 않았다. 중학생 시절 학교 선생님과 상담을 하던 도중, "이과생이 아직도 과학 선행학습을 안 했다고?"라는 말씀에 황급히 개념서를 하나 집어 들어 읽어본 것이 물리와의 첫 만남이었다. 솔직히 말하면, 개념서 한 권을 읽으며 이해한 문

---

* 외대부고 19기 자연과정. 건축학과 진학을 희망.
물리학, 수학 등의 이공계 과목을 좋아하며, 그림을 그리거나 소설책을 읽는 것을 좋아함.
기타를 치며 노래 부르는 것을 즐기지만 안타깝게도 재능은 없는 듯.

대한민국 최고의 아이들은 어떻게 공부하는가

장은 단 세 줄도 되지 않았다. 그럼에도 포기하지 않고 물리학을 공부한 이유는 단지 물리학의 한자 풀이가 멋있어 보였기 때문이다.

고등학교 물리학을 이해하기 위해 수많은 영상을 찾아보고 강의를 들었다. 개념을 하나씩 알아갈수록 물리학이라는 학문이 더욱 매력적으로 다가왔다. 내 주변에서 일어나는 일들을 실명할 수 있게 되는 순간에 느끼는 쾌락은 말로 다 표현할 수 없었다.

이렇게 물리학과 사랑에 빠지게 된 나는 외대부고에 입학하고 자연스레 물리학 동아리에 가입하게 되었다. 동아리에서 활동은 지금까지의 공부와 차원이 다르게 재밌었다. 처음 보는 현상들을 분석하고 발표를 준비하며, 분석한 내용을 기반으로 친구들과 토론하는 것은 처음 경험해보는 희열을 선사했다. 물리학 동아리의 활동은 험난한 고등학교 생활을 버티게 해준 몇 안 되는 즐거움이었다. 동아리 활동을 진행하는 과정에서 혼자서는 절대 할 수 없었던 실험들을 경험하고, 다양한 도구를 다루는 법, 현상에 접근하는 방법을 친구들과 선생님께 정말 많이 배웠다. 분명 어려웠던 순간들과 좌절의 순간들도 있었지만, 물리학이 선사하는 기쁨에 비하면 아무것도 아니었다.

그 해 겨울, 재미있는 일이 일어났다.

물리학 토론 대회에 참가하게 된 것이다. 한국 고등학생에게 겨울 방학이란 학원, 선행학습, 자습의 향연이다. 다음 학기를 준비하는 중요한 시기이고, 학기 중에는 할 수 없는 수능 공부에 매진해야 하는 날들이기도 하다. 자연 트랙 학생으로서 겨울방학을 반납하고 대회에 참가하는 것은 당연히 망설이게 되는 일이있다. 그럼에도, 나신 오지 않을 기회임을 알았기 때문에 참가하기로 마음먹었다.

대회 준비 기간은 상상 이상으로 힘들었고, 상상 이상으로 재밌었다. 왕복 세 시간이 넘는 거리의 학교를 오가는 것은 체력적인 한계를 느끼게 했고, 아무도 없는 깜깜한 학교에서 휴대전화 불빛에 의존해 물리실을 찾아가는 것은 내 담력의 한계를 시험했다. 하지만, 팀원들과 서로의 이론을 공유하고 실험을 도와가며 함께한 시간은 그 무엇과도 바꿀 수 없을 만큼 값지고 설레었다. 대회 당일이 다가왔다. 3박 4일간 팀원들과 함께 먹고 자며 전국에서 온 여러 학교 친구, 선배들에게 많이 배웠고 그렇게 대회가 마무리되었다.

주변 친구들에게 대회 참가 소식을 알렸을 때에는 반응이 모두 한결 같았다. '생기부에 들어가지도 않는 대회를 왜?' 라는 식의 말이었다. 반면, 나의 생각도 한결 같았다. 꼭 생기부에 들어가는 대회에만 참가해야 하는가? 고등학생만 참가할 수 있는 대회에 참가하는 것, 고등학생만 할 수 있는 경험을 하는 것 모두 고등학생의 신분이 가진 특혜라고 생각했고 누리고 싶었다. 무엇보다 고등학교 3년을 앞서서 공부만 하며 보내고 싶진 않다는 생각이 강했다.

동아리 활동에서 다루는 물리학과 학교 공부에서 다루는 물리학은 결이 많이 다르지만 동아리 활동이 학교 공부에 전혀 도움이 되지 않

대한민국 최고의 아이들은 어떻게 공부하는가

는 것은 아니었다. 우선, 어렵다는 이유로 교과서에 설명이 생략되어 있어서 그저 외워야 하는 부분도 외우지 않고 이해할 수 있게 되었다. 또한, 물리학에 대한 경험과 아주 전문적이지는 않아도 폭넓은 지식이 다른 친구들에 비해 많다는 점이 나만의 강점이 되었다. 물리학에 대한 기본적인 틀이 잡혀 있었기 때문에 교과 내용을 받아들이거나 문제 풀이를 익히는 속도도 빨랐던 것 같다.

　교과목과 관련 없는 물리학 동아리 활동을 하며 매 순간이 즐거웠던 것은 아니다. 물론 물리학 자체를 너무도 좋아하기 때문에 동아리 활동이 재미있긴 했지만, 내가 동아리 활동을 하고 있는 시간에도 공부하고 있을 경쟁자들을 생각하면 내신 경쟁에서 뒤쳐질까 불안하기도 했다. 그러나 후회하지는 않는다. 당장 큰 도움이 될 것 같지 않더라도 이러한 경험들이 미래의 건축가로서 그리고 삶을 살아가는 것에 있어서도 나의 자양분이 되고 발판이 되어줄 것이라고 믿는다.

## 희망과 두려움 사이에서

*Inter spem et metum*

# 자, 네 실력을 보여줘!

-허윤석*

문제를 풀 때 항상 이 문제의 핵심이 무엇인지,
문제에서 얻어갈 수 있는 교훈은 무엇인지…

선생님께서 내게 이 글을 부탁하셨을 때 처음 든 생각은 '아 이거 내 글이 아닌데' 였다. 나는 남들이 게임할 때 수학 문제를 풀고, 수학 문제가 안 풀리면 즐거워하는 아이가 아니기 때문이다. 정중히 거절할까 생각도 했지만 두 가지 정도가 발목을 잡았다. 운 좋게 기회가 닿아 좋은 책에 글을 남길 수 있다는 즐거움과 내가 감히 가지고 있는 나의 '수학하는' 방법에 대한 자부심이다.

나는 내가 수학을 좋아하는지, 심지어 잘하는지도 잘 모른다. 하지만 한 가지 자부할 수 있는 것은 내가 수학 시험을 잘 본다는 것이다. 두 개의 차이점이 뭘까? 수학을 잘하는 것은 무엇이고 시험을 잘 본

---

* 외대부고 19기 자연 과정. 글 쓰고, 생각하며, 나만의 세계를 만들기를 즐긴다.
  대화를 통해 남들과 세계를 공유하는 것도 좋아함. 매일 주어진 것에 감사하고 어려움에
  초연해지려고 노력함.

대한민국 최고의 아이들은 어떻게 공부하는가

다는 것은 무엇이란 말인가? 눈 깜짝할 새에 시험을 여섯 번이나(?) 본 열여덟 나이로 조심스럽게 정의하자면, 시험장에서 평소 실력을 발휘할 수 있는지가 두 '잘함'의 차이점이다. 수학을 잘하는 사람은 평소에 문제를 곧잘 풀어낸다. 그것을 즐길지도 모른다. 그러나 시험을 잘 보는 사람은 똑같이 시험장에서 해낼 수 있다. 대부분이 그렇지 않기 때문에, 평소 실력을 시험장에서 보여주는 것만으로도 상대평가에서는 플러스가 되는 것이다!

여기까지 들으면 참 무책임한 조언으로 들릴 것 같다. 밑도 끝도 없이 평소 실력을 보여주라니! 이게 무슨 포켓몬 배틀 인가? "네가 갈고 닦은 걸 보여줘!" 한다고 당신이 당신보다 강한 시험이라는 상대를 쓰러트릴 수 있는 것이 아니다. 우린 포켓몬이 아니라 학생이니까. 그러니 이제부터 이 무책임한 조언을 탈바꿈해보자. 그런데 왜 이것이 수학에서 특히 중요할까? 다른 과목에서도 평소 실력대로 보는 것은 꼭 필요한데, 왜 이를 수학 에서 적용하려 할까? 해답은 생각보다 간단하다. 수학이 가장 많이 생각해야 하기 때문이다.

시험을 보다 보면 분명 헷갈리는 문제는 있는데, 집중을 안 해도 시간은 남고 끊임없이 고개를 들려 하는 딴생각을 억누르던 경험이 있을 것이다. 하지만 절대로 수학 시험을 보는 중은 아니었을 것이라고 장담한다. 수학 시험은 50분 내내 긴장 상태로, 계속 우리의 머리를 괴롭히면서 진행된다. (30분만에 다 풀고 잘 것이 아니라면!) 그래서 다른 과목은 조금 긴장하거나 집중도가 평소보다 낮아도 점수의 차이가 크지 않은 반면, 수학은 그런 이유로 평소 실력이 안 나오면 점수가 그대로 곤두박질한다. 이 조언은 수학에 대한 조언이 맞다!

　자, 드디어 첫째. 평소 실력을 기르자. 아까 우리를 포켓몬에 비유했었다. "자, 네 실력을 보여줘!" 했는데, 우리의 포켓몬이 보여줄 실력이 형편없다면 어떻게 될까? 그 말의 힘을 빌려 감동적으로 적을 쓰러뜨릴까? 당연히 그렇지 않을 것이다.

　당신의 시험 점수도 마찬가지이다. 시험장에서 실력 발휘를 하려면 발휘한 실력이 있어야 하는 것 아니겠는가? 그래서 우선 평소에 수학 실력을 기르는 방법을 이야기하고자 하는데, 내게 이 방법은 꽤 단순하다. 내게 필요한 좋은 문제들을 능동적으로 푸는 것. 이것이 평소 실력에 대해 내가 찾은 해답이다.

　나는 문제를 풀 때 항상 이 문제의 핵심이 무엇인지, 이 문제에서 얻어갈 수 있는 교훈은 무엇인지 고민한다. "이등변삼각형에서는 수선을 내려라." "직각을 최대한 활용해 보자." 같은 사소한 팁이어도 좋고, "정적분의 기본 정리" 같은 아주 핵심적인 개념을 문제에서 복습하는 것도 좋다.

　내 선생님께서는 이걸 '레슨 런(Lesson Learn)'이라고 표현하셨는데, 그렇게 거창한 이름이 아니어도 상관없다. 언제나 능동적으로 문제를 풀자. 숙제라서 푸는 것이 아니라. 필요 없다면 과감히 버리고, 필요하다면 구해와서 문제를 풀자. 그 과정에서 무엇이 필요한지 스스로 생각하고 필요한 것을 과감히 활용하자. 설령 그것이 사교육이더라도 말이다. 학원이 필요하지 않다고 주장하는 사람들이 있다. 그 사람들은 학원이 존재해서는 안 될 해악인 것처럼 말하는데, 결코 그런 것은 아니라고 조심스럽게 주장해 본다. 당연히 사교육 옹호 발언으로 들리지는 않았으면 한다. 중요한 건 수단이 아니라 목적이라는 말이 있다. 상황에 따라 가지각색으로 해석될 수 있는 말이지만, 여기서는 학원에 다니는 이유가 중요하다는 말을 하기 위해 빌려오고 싶다.

"엄마가 시켜서", "다들 다니니까" 다니는 학원은 지양해야 한다는 것에 동의한다. 하지만 당신이 좋은 문제를 풀고, 당신에게 필요한 문제를 풀기 위해 필요하다고 스스로가 (아주 중요하다!) 판단한다면, 학원에 다니는 것도 매우 좋은 자기주도학습이 된다고 생각한다. 언제나 중요한 것은 수단이 아니라 마음가짐임을 잊지 말자.


둘째, 평소 실력을 보여주는 방법이다. 이렇게 평소에 좋은 문제, 필요한 문제를 골라 풀었다면, 시험장에서 자신감을 가지는 것이 중요하다. 물론 모두가 수학을 잘할 수는 없기에 (상대평가의 숙명), '내가 못 풀면 아무도 못 풀어.' 같은 생각을 할 수 있어도 진심으로 그렇게 믿기란 쉽지 않다. 그러나, 실력은 아니어도 그 과정은 충분히 믿을 만하지 않을까?

당신이 능동적으로 문제를 풀며 스스로 공부한 과정에, 그리고 그렇게 길러온 실력에 자신감과 자부심을 가지자. '이 이상 좋은 방법으로 열심히 할 수는 없고, 그러니 못 풀어도 후회는 없어. 그러니 긴장하지 말고 준비한 과정을 그대로 보여주기만 하자.' 이것이 내가 시험장에서 가지는 마음가짐이고, 당신도 가졌으면 하는 마음가짐이다.

마지막으로, 계속 말하게 되는데 모두가 수학을 잘할 수는 없다. 하지만 이 말을 조금만 관점을 바꾸어 바라보면, 당신이 실력대로만 하면 남들보다 수학 시험을 잘 볼 수는 있다는 말이 된다. 그러니, 이 글을 빌려 여러분들께 외치고 싶다. "자, 네 실력을 보여줘!"

무엇을 하든 신중하고 끝을 생각하라.

*Quidquid agis, prudenter agas et respice finem.*

# 사회 공부, 질문하고! 답하고! 외쳐라!

한도은*

나만의 언어로 가꾼 사회 개념은
메마른 책 속 활자보다 힘이 세다.

외대부고 입시 당시 자기소개서에도 적었던 나의 꿈은 모두의 권리가 마땅히 보장되는 사회를 만드는 것이다. 이 거창한 꿈을 논하려면 몇 가지 질문이 뒤따른다.

어떤 사회가 모두의 권리를 '마땅히' 보장할 수 있을까?
모두가 외치는 '정의'란 무엇인가?

외대부고에서의 3년은 나의 꿈을 이루기 위해 꼭 답해야만 하는 질문의 답을 찾아갈 충실한 시간으로 보내고자 노력하고 있다. 그 기반이 되는 것이 바로 사회 교과다. 더 좋은 사회를 만들겠다는 열망은 자연스레 나를 사회 전반에 대한 호기심으로 이끌었고, 정치, 경제, 문

---

* 외대부고 19기 인문과정. 걱정도 근심도 많은 18세. 그럼에도 남의 걱정과 근심을 해결해준
   답시고 변호사를 꿈꾸고 있음. 항상 도파민이 부족하다며 흥미로운 이야기를 쉬지 않고 찾아 다님.

화, 윤리 등 우리 사회를 알아가는 데에 도움을 주는 모든 학문에 더욱 깊이 빠져들게 했다. 결국 사회 교과는 내 안의 수많은 궁금증을 해결하기 위한 통로와도 같았다.

사회를 공부할 때 가장 중요한 것이 무엇이냐 묻는다면 '정답은 없다'라고 답할 것 같다. 외대부고에서 공부하는 사회 교과의 내용 자체는 여느 고등학교와 크게 다르다고 말할 수 없을 것이다. 그러나 이곳에서 사회라는 복잡한 교과를 다루는 방식은 무언가 다르다. 입학 전 동경했던 모습 그대로, 수업에는 항상 질문이 있고 학생들은 토론한다. 마치 교실 안 모든 학생이 저마다의 물음표를 가지고 수업에 임하는 것 같은 느낌이다.

사회 개념을 학습할 때 타인과 견해를 나누어 보는 것만큼 좋은 공부 방법은 없다. 인문 사회 과목은 자연 과학 계열의 과목과 달리 추상적 개념을 정의해야 할 때가 많다. 예를 들어 '문화'라는 친숙한 단어를 두고도 좁은 의미의 문화, 즉 예술적인 생활 모습으로 볼 것인지, 사회 전반의 생활상을 포괄하는 넓은 개념으로 볼 것인지 견해가 다양하다.

간단한 단어의 해석에도 논란이 펼쳐지는 과목을 고독하게 책상머리에 앉아 공부하다 보면 자신만의 편협한 생각에 빠져들기에 십상이다. 실제로 대학수학능력시험의 정답에 대해 국어에 이어 두 번째로 많은 이의신청이 들어오는 과목이 바로 사회탐구라고 한다. 뚜렷하지 않은 개념에 대해 학생들마다 조금씩 다른 의견을 갖고 있기 때문이라고 감히 추측해본다.

대한민국 최고의 아이들은 어떻게 공부하는가

내겐 이를 피부에 닿게 느낄 수 있는 과목이 수능 선택과목 '사회문화'와 '윤리와 사상'이었다. 두 과목 모두 추상적인 개념에 대한 정확한 이해를 필요로 하는데, 같은 텍스트를 읽었음에도 내가 이해한 내용은 내 짝꿍이 이해한 내용과 조금 달랐다.

서로 왜 그렇게 생각했는지를 물으며 틀어진 개념을 맞춰 나갔다. 헷갈리는 지문 속에 정답이 되는 사상가만의 색깔을 조금씩 흘려 놓은 윤리와 사상을 공부할 때는 각자 공자, 순자, 맹자가 되었다고 가정하고 그들의 시선에서 토론을 재구성해보기도 했다. 결론적으로 토론을 통해 생각의 결을 맞춰가는 과정은 시험장에서도 큰 도움이 되었다. 따라서 사회 과목을 공부할 때는 두려워하지 말고 생각을 나누기를 추천하고 싶다.

교과서를 외우고 지식을 쌓기에도 부족한 시간인데, 우리가 이러고 있을 시간이 있을까? 의심하는 것도 당연하다. 그러나 자신이 한 번 밖으로 뱉어 본 지식은 더 오래 기억에 남는다. 시험장에 들어서면 나는 생각한다. '나만의 언어로 가꾼 사회 개념은 메마른 책 속 활자보다 힘이 세다'

호기심에 따른 질문, 그 질문을 풀어낼 토론 활동을 가장 잘 실현할 수 있는 배움의 장은 동아리다. 학교에선 정치 외교동아리, 법학동아리, 역사학동아리에서 활동하고 있다. 학교의 선후배들과 나아가서는 다른 학교의 학생들과 사회적 문제에 대한 생각을 나누다 보면 스스로 질문에 대한 답에 가까워지고 있다고 체감한다.

동아리의 활동은 크게 조별 토론, 세션, 교내 연합포럼, 교외연합포럼으로 구성된나. 교내에서 비슷한 관심 분야를 공유하는 친구들과 자유로이 질문하고 토론하는 것도 큰 기쁨이지만, 학교를 대표하는 학생들이 모인 교외연합포럼은 분위기가 남다르다. 현재 부장을 맡은 정치 외교동아리에서 작년 말 약 20개교, 230여 명의 학생을 동원하여 전국 특목 자사 정치 외교 포럼을 진행한 적이 있었다.

각 학교에서 미·중 패권 경쟁과 러시아 우크라이나 전쟁이 국제 사회에 미친 영향에 대해 심층적인 발제를 준비했다. 우리 조의 주제는 미·중 패권 경쟁과 군사 정책으로, 우리나라의 미·중 관련 군사 정책의 현황을 살펴보고 과거 대중, 대미 군사 정책을 분석한 뒤 각종 군사 이슈에 대한 외교 정책을 제안하는 발표였다. 발표를 마친 후 타 고등학교의 한 학생으로부터 우리가 제시한 대북 외교 정책에 대한 질의를 받았다. 당시에는 잘 생각해보지 못했던 부분이라서 조금 아쉬운 답변을 남기고 돌아와서 한참을 고민해보았던 기억이 난다.

현재 대북 외교의 맹점은 무엇인가? 우리가 제시한 정책을 실현했을 때 가장 우려해야 할 점은? 끊임없는 질문을 던져보았다. 뚜렷한 답을 찾았다기에는 너무 어려운 질문이지만, 이런 일련의 활동을 겪고 나면 스스로 한 층 성장했다는 기분이 든다. 결국 교과과목과도 떨어져 있지 않다. 고등학교 사회탐구 과목 중 '정치와 법'을 공부하다 보면 어제 뉴스에서 본 개념이 오늘 학력평가에 출제되는 경우가 있다. 그만큼 평소에 다양한 사례를 충분히 접해두면 사회탐구 과목은 암기에 애를 쓰지 않아도 일상에서 체득할 수 있는 개념이 많다.

'배워서 남 주냐?'라는 말이 있다.

뭐든 배워두면 그 스스로 도움이 될 거라는 취지의 말이지만, 나는 배워서 남 주는 일의 가치를 알 때 사회 공부가 더 쉬워진다고 느낀다. 이를 즉각적으로 느낄 수 있는 활동이 '소크라틱 디베이트 포럼(외대부고 독서토론)'이다. 일 년간 4권의 도서를 선정하여 읽고 같은 반 학생들과 독서 토론을 진행한 뒤 연말 학술제에서 최종 발표를 진행한다. 학생들이 선정하는 도서의 주제는 다양하다. 우리 조의 경우 인문학 계열로 초점을 맞추어 '인간이란 무엇인가?'라는 대주제 아래 인간의 사회화, 유전적 특성, 삶과 죽음의 발현에 근거해 인간을 정의해보는 탐구를 진행했다. 발표를 준비하고 진행하는 것도 충분히 값진 경험이었지만, 진정한 성장은 다른 학생들의 발표를 들으면서 이루어졌다고 생각한다.

우리가 책을 읽는 이유는 '간접 경험'을 얻기 위해서다. 독서는 다른 사람의 경험을 전달하여 들으면서 나의 세상을 넓히는 과정이다. 발표를 들을 때도 같은 효과를 기대할 수 있다. 다른 친구들이 배운 내용을 나에게 선물할 때, 내 세상이 넓어진다. 반대로 나도 다른 이의 세상을 넓히는 데에 기여한다. 이만한 좋은 사회 공부가 또 어딨을까? 난생처음 들어보는 주제로 발표를 들으면서 혼자라면 접근하지 못했을 상식에 가까워진다. 배워서 남 주는 공부법이 매력적인 이유다.

사회 교과를 공부하기 위해 소개한 방법이 실제적이지 못하다고 생각할 수 있다. 활동 중심적이고 많은 시간이 필요하며 외대부고와 겉은 **특별한** 학교의 학생이어야만 가능한 방법이라고 말이다. 그러나 교과 지식을 확장하고 개념을 정확히 이해해야 한다는 고전적인 사회 교과 공부 방법에서 바뀐 것은 하나도 없다. 단지 사용하고 있는 수단이 조금 다를 뿐이다.

기존의 공부법이 교과서와 문제집을 수단 삼으라고 조언했다면 나는 내 옆의 좋은 친구들을 사회 교과 공부의 좋은 준비물로 활용한다. 사회를 공부하는 것은 결국 세상을 알아가는 것이다. 이 세상을 더 널리 이해하고, 모두의 권리가 마땅히 보장되는 사회를 만들기까지 나 역시 끊임없이 질문하고, 답하고, 외치길 바란다.

나에게 있어 지식은 힘이다.

*Scientia potentia est mihi.*

# 영어 글자에 집중하지 말고, 글 속의 내용에 집중하자.

박지윤*

영어는 문법, 철자 쓰기의 글자가 중요한 것이 아니라,
전달하고자 하는 내용을 글자로 나타냈을 뿐이라는 것.

내가 영어에 관심을 가지게 된 계기는 '책'이었다. 초등학교 2학년 때까지 나는 두꺼운 영어 책을 두려워했었다. 펼쳐 보기도 전에, '난 안되겠지' 하고 포기하는 아주 나쁜 습관이 있었던 것이다.

엄마가 『큰 숲의 작은 집』 같은 책을 추천해 줄 때에도, 나는 책의 두께에 지레 겁먹어 한동안은 어린이용 동화만 읽었다. 하지만, 한국어로 되어있는 책은 겁먹지 않고 편하게 읽었기에 엄마는 주말마다 도서관에서 내가 흥미를 가질만한 소설책을 빌려오셨었다. 나른한 주말 오후마다 엄마가 빌려온 소설책을 한 장씩 음미하며 읽는 것이 어린 나에게는 즐거움이었다.

---

* 외대부고 18기 국제과정. 현재는 다문화 아동에 대해 관심을 가지고 활동을 함.
세계시민 모두와 소통할 수 있는 영어를 통해 제일 좋아하는 문학 작품들, 원서 그대로 느낌을 살려 읽는 것을 즐김.

어느 날, 엄마가 해리포터 시리즈의 첫 번째 작품,『해리 포터와 마법사의 돌』의 한국어판을 빌려왔었다. 펑소처럼 서실에 누워 오후의 햇살을 조명삼아 책을 펼쳤는데, 정신을 차려보니 한밤중이 되어있었다. 그 날, 조앤 롤링이 만들어낸 신비로운 세계에 빠져버린 것이다. 나는 그 책을 제출 기한까지 세 번 정도 정독한 후, 영어로된 원작 소설에 도전해보려는 용기가 생겼다. 그렇게 해리포터는 나를 영문학의 세계로 인도했다.

처음 읽어보는 긴 해리포터 영어 소설은 이전 두려움과는 달리 생각보다 쉽게 다가서 읽을 수 있었다. 모르는 단어를 검색해가며 읽으니, 딱딱한 번역체의 한글판에서 주는 느낌과 완전히 다른 그 느낌은 몇 배는 더 재미있다고 생각이 들었다. 이후, 해리 포터 시리즈의 전권, 엄마가 추천해주는 영어 소설들을 하나하나 읽어 나갔다. 장르를 불문하고 여러 소설과 책을 읽게 되니, 자연스럽게 어휘도 늘고, 떠올리기도 부끄러운 나만의 영어 소설 쓰기도 시작된 것이었다. 또래보다 많은 영어 원서 책을 읽으니, 중학교까지는 영어 수업이 수월했다.

글을 써도 칭찬받고 수업에서도 가장 적극적으로 발표했다. 하지만 외대부고에 입학하니, 영어 시간에서 요구되는 역량이 조금 달라졌다. 외대부고 국제과정에서 읽는 지문은 학술적인 내용이 대부분이었고, 소설과는 너무나도 다른 문체와 형식이었다. 이번에는 영어 공부를 목적으로 나는 영어 뉴스를 읽고 보기 시작했다.

대한민국 최고의 아이들은 어떻게 공부하는가

나는 다양한 문화의 교류와 진화에 대해 관심이 많기 때문에, 원래부터 국제 이슈를 다루는 CNN과 같은 뉴스 채널을 보곤 했었다. 하지만 영어 공부를 위해서는 Times나 New York Times, Economist같은 비교적 어려운 글도 읽기 시작했다. 지식인들이 구독하는 뉴스인만큼, 이 공부를 처음 시작했을 때는 기사의 모든 문장에 모르는 단어가 있었다. 모르는 단어가 너무 많아 읽는 속도가 확연히 느려질 정도였다. 하지만 어릴 때의 나와는 달리, 지레 겁먹지는 않았다. 부족한 점이 있으니 노력하는 것이라며 나를 다독이면서, 단어를 하나씩 찾아가며 기사들을 더듬더듬 읽어 나갔다.

사실 아직까지도 뉴스를 읽으며 모든 단어를 알지는 못한다. 하지만 내가 공부하며 기른 실력은 암기 능력이 아닌 '문해력'이다. 단어는 찾아도 잊을 수 있고, 아무리 많은 단어를 알아도 또 모르는 단어가 나타날 수 있다.

특히 나는 장기 기억력이 그다지 강하지 않아서 한번 외운 단어도 또 잊어버리기 일쑤다. 하지만 문맥을 파악하고 단어의 뜻을 유추하는 실력을 기르다 보면, 어떤 글도 읽어 나갈 수 있다. 이 공부를 하면서 뉴스가 잘 읽혀지지 않는 나 자신이 원망스럽다가도 읽으면 읽을수록 영어 실력보다도 훨씬 가치 높은 지식이 쌓이고 있다는 것이 느껴졌다. 매일 뉴스를 읽으니, 다양한 지식, 관점, 의견을 접하며 훨씬 넓은 세상을 마주할 수 있었다.

결국 내가 도달한 영어 공부의 비법은 영어에 집중하지 않는 것이었다. 모순적이게 들릴 수 있지만, 나에게는 보편적으로 생각하는 영어 공부인 단어나 문법 구조를 외우는 것은 지독하게 지루하다. 그렇기 때문에 나는 영어 자체에 집중하기보다는, 영어를 통해서 얻을 수 있는 지식에 집중하는 것이 더욱 자연스럽게 영어 실력을 끌어올릴 수 있는 방법이었다.

내가 생각하기에 언어는 소통과 지식의 습득을 돕는 도구일 뿐이기 때문이다. 나에게 영어 공부는 관심있는 주제에 대해서 배우는 시간이고, 이 때문에 기대되고 즐거운 시간이다. 영어 공부를 통해 시사 상식을 늘리니, 내가 좋아하는 문학도 더 풍부하게 즐길 수 있게 된다. 어릴 때와는 달리, 수준 높은 문학을 최대한 즐기기 위해서 그 시대와 작가의 가치관, 철학적 고찰에 대한 지식이 필요했고, 영어 공부로 늘려나간 지식은 여러 문학 작품의 이해에 큰 도움이 되었다.

내가 선택한 외대부고는 한국에서 고등학생의 신분으로 영어를 배우기의 최고의 환경 중 하나라고 생각한다. 일단 선생님들 중에서는 영어를 사용해 수업하시는 분들이 계셔서 영어를 실생활에 사용하는 것에 도움이 될 수 있다고 느꼈다. 영어 시간에는 선생님들께서 다양한 지문을 제시해 주시기 때문에 시사 상식을 쌓으면서도 영어 공부를 재미있게 할 수 있다. 문학, 과학, 사회학 등, 정말 여러 분야의 지문이 등장하기에 취향에 맞는 것이 하나쯤을 있을 것이라고 생각한다. 실제로 나는 영어 시간에 나온 작품들의 작가를 찾아 새로운 작품들을 찾아내곤 한다.

그 밖에 동아리 활동을 하면서 영어 실력을 기를 수도 있는데, 외

대한민국 최고의 아이들은 어떻게 공부하는가

대부고에 와서 했던 최고의 선택 중 하나가 영어 연극 동아리에서 활동하는 것이다. 영어로 대본을 작성하고 연기하면서 영어 실력이 향상되는 것은 물론, 매 학기 연극을 올리면서 잊을 수 없는 고등학교의 추억도 남겼기 때문이다.

초등학교 2학년 때, 내가 펼친 한국어판 해리 포터 책이 나의 인생을 바꿨다. 여전히 나는 몇시간씩 숨겨진 설정에 대한 사람들의 추리를 읽기도 하고, 잠에 들기 전 호그와트에 대한 상상을 하기도 한다.

만약 해리 포터가 없었다면, 나는 평생 영문학의 즐거움을 몰랐을 수도 있다. 지금 나는 9살의 나에게 용기를 내어 영어의 새로운 세계를 도전한 9살의 나는 나에게 감사하고 있다.

내면의 아름다움이 외면의 아름다움보다 더 가치있다.

*Pulchritudo animi plus valet quam corporis.*

# 스스로 결정하고, 꾸준함으로 승부한다.

김유현*

책을 읽고, 내 목소리를 담아
글 쓰는 노력을 멈추지마라.

우리들은 모두 한국인으로서 '한국어'를 사용한다. 그러나 도대체 왜 우리에게 '국어'라는 과목은 여전히 어려운 과목으로 남아있는 것인가? 어떤 친구들은 암호 같은 학문인 수학보다 국어를 더 어려워하기도 한다. 사실 이러한 국어 과목은 우리에게 그 어떠한 과목보다도 밀접한 연관이 있는 과목이다. 우리가 책을 읽을 때 일반적으로 어떤 언어로 읽는가? 우리나라 말로 읽는다. 그러면 글은 무슨 말로 쓰는가? 우리나라 말로 쓴다.

그 이유는 단순히 우리가 한국어를 모국어로 삼는 화자들이기 때문이다. 우리나라 말로 된 책을 읽고 우리나라 말로 글을 쓰면, 당연히 그 언어를 대하는 데에 있어서 능숙해질 수 밖에 없다. 따라서 국어

---

* 외대부고 19기 인문과정. 공부뿐만 아니라, 운동에도 매우 많은 관심을 가짐.
최근 학교에서 열린 스포츠 대회에서 농구는 1라운드 탈락, 축구는 2라운드 탈락을 하였지만,
이에 대한 열정은 그 누구보다도 활활 타오름.

286　　　대한민국 최고의 아이들은 어떻게 공부하는가

학습에 있어서 읽기와 쓰기는 매우 중요한 역할을 담당하고 있는 것이다.

그러나 책 읽기가 중요하다고 해서 이를 강요하게 되면 내용은 커녕, 활자조차도 눈에 들어오지 않는 경험을 할 수 있다. 그렇기 때문에 글은 누가 뭐래도 스스로 찾아 읽어야 한다. 스스로 글에 손이 닿게 하기 위해서는 무슨 글을 읽어야 할까?

당연히 내가 관심 있는 분야의 책을 읽어야 한다. 그 분야가 무엇이 되었던 간에, 우선 활자를 눈이 접하고, 머리가 넣어야 한다. 나의 경우에는, 정치, 사회 부분에 관심이 많았기 때문에 세계 3대 디스토피아 소설을 가장 인상 깊게 읽었다. 세계 3대 디스토피아 소설에는 조지 오웰의 『1984』, 올더스 헉슬리의 『멋진 신세계』, 예브게니 이바노비치 자먀찐의 『우리들』이 있다.

이렇게 좋아하는 분야의 책을 능동적으로 찾아 읽는 것도 좋지만, 더 좋은 효과를 보기 위해서는 책을 읽은 후 독후감을 써보는 활동을 해보는 것이 좋다. 독후감은 책의 줄거리를 요약하는 활동이 아니라 책을 읽고 난 후, 그 책을 '자신의 말'로 다시 써보는 활동과 같다. 새롭게 받아들인 외부 정보를 자신의 것으로 체화하고, 이를 자신의 언어로 다시 표현해보는 활동을 통해 읽기와 쓰기의 두 마리 토끼를 한 번에 잡을 수 있다.

이런 식으로 일상 속에서 스스로 '글'이라는 것을 자주 접해보는 과정을 거치면, '국어'라는 과목과 당연히 친해질 수 있을 뿐만 아니라, 무의식적으로 이에 흥미까지 붙일 수 있다. 지금부터는 입시를 위한 국어 공부 방법을 소개해보려고 한다.

다들 읽기, 쓰기와 같은 기본적인 국어 역량을 기르는 것에 관심이 많겠지만, 실질적으로 관심이 있는 부분은 사실 모의고사, 수능, 내신과 같은 입시와 관련된 이야기일 것이다.

나는 우선 국어 모의고사를 잘 보기 위해서는 무엇보다도 '꾸준함'이 중요하다고 생각한다. 실제로 나는 국어 모의고사를 처음 중학교 때 시험삼아 봤을 때 그리 좋은 성적을 거두지 못했다. 하지만 나는 국어 과목에서 좋은 성적을 거두고 싶었던 욕심이 있었기 때문에 중학교 내신 과정이 모두 끝난 후 남는 1~2개월 동안 매일 아침 9시에 국어 모의고사를 하나씩 풀었다.

그때 풀고 나서 오답 과정도 딱히 체계적으로 거치지는 않았으나, 모의고사를 풀면 풀수록 해당 과목에 대한 감이 생기면서 저절로 점차적으로 성적이 오르기 시작했다. 처음에는 2등급에서 1등급 사이의 애매한 성적을 받았으나, 3주, 4주... 점점 이렇게 시간이 지날수록 성적은 올랐고, 어느새 안정적으로 1등급이 나오는 점수가 되었다. 처음에 나는 고3 수준의 모의고사는 나에게 맞지 않는다고 생각했기 때문에, 고2 모의고사로 훈련을 시작하였다.

그러다가 3개년치의 고2 모의고사를 모두 풀고 나서 고3 과정의 모의고사로 넘어갔는데, 이미 훈련해놓은 감과 실력으로 인해 더 잘 적응할 수 있었다. 따라서 누군가가 나에게 국어 모의고사 성적을 올리는 방법을 물어본다면, 수업이나 강의를 듣기보다는 스스로 매일매일 꾸준히 모의고사 푸는 시간을 정해놓고 성실히 풀어서 점진적으로 성적을 올리는 방법을 추천할 것이다.

예를 들면, 이번 2학년 1학기에는 '문학' 교과를 학교에서 배웠기 때문에 문학 공부법에 대해서도 이야기를 해보면, 문학은 개념과 작품에 대한 익숙함이 가장 중요하다고 생각한다. 국어 시험을 보기 전에 모든 문학 작품들을 모두 공부하여 암기하려고 하는 공부법이 있는데, 좋은 방법이 아니라고 할 수는 없으나 사실상 불가능에 가까운 방법이다.

수능 혹은 모의고사에 나올 수 있는 문학 작품들은 무궁무진하고, 아무리 유력한 작품을 뽑는다고 해도 이를 완벽히 예측하기는 매우 어렵기 때문에 문학 공부는 우선 관련 개념이나 기초를 탄탄히 공부한 후, 대표적인 작품들을 여러 개 공부하면서 자신이 알고 있는 개념을 어느 작품에나 적용할 수 있는 응용력을 기르면 된다고 생각한다.

특히나 고전 작품들의 경우, 서로 내용은 다르지만 문제에서 물어보는 핵심이 겹치거나 주제가 비슷한 작품들이 있는 경우가 많기 때문에 관련 개념을 확실히 공부한 후, 특정 카테고리의 작품들을 골라서 공부한다. 그러면 나중에 그 카테고리에 해당하는 새로운 작품을 마주하더라도, 기존에 길러놓았던 응용력을 이용해 관련된 문제를 해결할 수 있을 것이다.

현대 작품들 또한 마찬가지이다. 물론 현대 작품들은 고전 작품들에 비해 주제의 카테고리가 넓고 나올 수 있는 부분도 다양하지만, 똑같이 개념을 익히고 각 문제 유형별로 접근법과 해당 문제의 성격을 분석하고 파악하는 과정을 거치면, 사실상 모의고사에 출제되는 유형은 정해져 있으므로 어떤 작품이 나와도 당황하지 않고 풀어낼 수 있는 '감'이 생길 것이다. 사실 이에 더해서 평소에 한국 문학 작품들에 관심을 가지고 시나 소설 읽는 것을 좋아하거나 취미로 삼는 학생이라면, 문학 부문에서는 훨씬 유리할 수도 있다.

이렇게 독서(읽기)와 글쓰기, 그리고 실용적인 모의고사 공부법까지 국어 학습에 관한 전반적인 내용들을 다루어보았다. 국어 과목은 우리 모두 한국어를 모국어로 삼는 화자이지만, 우리들이 또 가장 어려워하고 골치 아파하는 과목 중의 하나이다.

앞서 말했듯이, 전반적으로 국어 공부는 '익숙함'과 '꾸준함'이 무엇보다도 제일 중요하다. 평소에 자신이 관심 있어 하는 분야로부터 시작된 독서 활동과 함께 독후감 쓰기, 지속적이고 계획적인 독서 활동이 만들어 간 성실함이 나중에 '국어'라는 과목을 대하는 데에 있어서 큰 받침돌이 되어줄 것이다.

그러나 또 자신이 어렸을 적에 독서 활동이나 쓰기 활동을 많이 해보지 않았다고 해서 지금 걱정할 필요도 없다. 현재 그러한 배경 속에 있는 고등학생들이라면, 앞서 언급한 꾸준한 국어에 대한 실질적인 훈련 및 노력을 통해 글에 대한 많은 경험을 비록 없더라도, 실전에서 문제를 풀어낼 수 있는 감각을 충분히 길러 낼 수 있을 것이다.

따라서 이 글을 읽는 모든 학생들이 현재 자신이 처한 상황에 너무 절망하지 않고 희망을 품고 다시 꾸준히 국어 공부를 할 수 있는 원동력을 얻은 후, 최종적으로 국어 과목에서 자신이 원하는 결과를 성취해 내기를 바라는 바이다.

끈기 있는 자에겐 어떤 길도 막히지 않는다.
*Nulla tenaci invia est via.*

# 선생님들이 말하는 최고의 학생

외대부고에서 1기부터 지금까지 20년이 넘는 시간 동안 여러 최고의 학생들을 만났습니다. 모든 선생님들이 이구동성으로 괜찮은 학생이라는 평가를 받던 학생들은 학업 성취뿐만 아니라 인품과 인성을 겸비한 진정한 의미의 우수한 인격을 가진 학생들이었지요.

마지막으로 '학교 외부에서 바라보는 용인외대부고의 위상에 맞는 최고의 학생의 정의는 어떻게 될까요? HAFS 선생님 대담에서 참가한 7명의 선생님 말씀을 정리하며 이 책을 마칠까 합니다.

첫 번째, 외대부고 학생들은 단순히 성적만 우수한 것이 아니라 예의와 배려심을 바탕으로한 바른 인성을 가지고 있습니다. 다른 사람과의 상호작용에서 존중과 이해를 실천하며, 공동체의 일원으로서 책임감을 다하는 모습을 보여줍니다. 기본적으로 학교의 분위기와 학생들의 전체적인 인품의 정도를 알아볼 때, 가장 많이 하는 말은 "인사를 잘하고, 표정이 밝다"라는 평가가 많습니다.

대학에서 고등학교를 방문했을 때, 또는 고등학교가 중학교를 방문했을 때 학교 교실 건물에 들어가면서 느껴지는 분위기는 그 학교 학생들에 대한 첫 인상 평가를 반영됩니다. 외대부고는 대학관계자가 학교를 와서 첫인상으로 본교 선생님들에게 전달하는 이미지는 "이 학교 아이들은 인사 잘하고, 적극적이며 표정이 밝다"는 점입니다.

두 번째, 배움을 즐거워하고 세상의 다양한 주제에 관심이 많으며, 적극적이고 자발적으로 활동하는 학생들이 많다는 것입니다. 학생들은 새로운 지식을 탐구하는 것에 대한 열정이 있고, 학습을 단순한 의무가 아니라 즐거움으로 여기는 경우가 많습니다.

외대부고 학생들은 학교 프로젝트, 다양한 자율동아리, 심화탐구활동 등 적극적으로 참여하며, 자신의 관심사를 넓히고 깊이를 더해가며 자신이 무엇을 하고 싶다는 동기부여와 그것을 위해 무엇을 어떻게 해야겠다는 생각을 하게 됩니다.

예를 들어, 한 학생은 환경 문제에 관심을 갖고, 직접 학교 프로젝트로 재활용 캠페인을 주도하며, 그 과정에서 만들어지는 긍정적인 반응을 가지고 SNS 챌린지를 통해 다른 학교에까지 그 영향력을 전달하는 현실적 적용 기획력을 보이는 모습이 아주 인상적이었습니다.

세 번째, 세계로 향한 꿈을 가지고 미래의 비전을 이야기하는 학생들이 많습니다. 외대부고는 선발 과정부터 학교를 지원하는 학생들에게 꿈과 비전을 강조하였고, 입학 후에도 학생들이 글로벌 리더로 성장할 수 있도록 다양한 기회를 제공하고 있습니다.

학생들은 국제적인 감각을 키우며, 자신의 꿈을 실현하기 위해 구체적인 계획을 세우고 실행해 나가는데, 절대로 강요나 틀에 넣어 훈련시키는 것이 아니라 학생들 스스로 선택한 다양한 자율동아리 및 프로젝트 활동을 통해 글로벌 문제에 대한 이해를 넓히고, 모의 유엔 회의 등에 참여하며 실질적인 경험을 쌓는 적극적인 모습을 보여준다는 것입니다.

네 번째, 자신의 관심 분야에 지대한 관심을 갖고 뚝심 있게 노력하는 학생들의 모습이 두드러졌습니다. 외대부고 학생들이 1학년때 과제를 선정해 스터디 그룹을 결성하거나, 자율동아리를 통해 자신의 끼를 발산하면서, 자신이 관심을 가졌었지만 환경이 따르지 않아 쉽게 중학교때는 실천하지 못했던 분야에 뛰어 드는 모습을 보였습니다. 활동을 통해 자신이 가졌던 지식과 관심을 비슷하게 가진 친구들과 연구과제를 두고 함께 깊이 파고들어 꾸준히 노력하며, 서로 자신의 전문성을 키워 나갑니다.

예를 들어, 과학에 관심이 있는 학생은 심화탐구활동을 통해 깊이 있는 연구를 수행하고, 전국 과학 경진대회에서 입상하기도 했고, 해외 저널에 글을 팀으로 작성해 제출하기도 합니다. 예술에 관심이 있는 학생은 다양한 동아리 활동을 통해 자신의 작품을 꾸준히 발표하고, 학교 안과 밖에서 전시회를 열면서 자신의 생각을 다른 사람들과 공유하려는 모습을 보입니다.

다섯 번째, 수행평가에서 이미 필요한 점수를 다 확보한 상황임에

대한민국 최고의 아이들은 어떻게 공부하는가

도 끝까지 최선을 다하려는 모습을 보이는 학생들이 많습니다. 일반적으로 대부분 아이들은 자신의 발표 순서에 발표를 억지로라도 끝냈다면, 더 이상의 관심의 필요성을 느끼지 못하고 딴짓으로 일관합니다.

그러나 외대부고 아이들은 단순히 점수를 얻기 위해 공부하는 것이 아니라, 자신의 능력을 최대한 발휘하고자 하는 열정과 성실함을 가지고 있습니다. 자신의 의견과 유사한 경우는 어떻게 유사하며, 미묘한 차이에 질문을 하고 비교하며 사고의 폭을 넓히려 합니다.

다른 친구들의 발표에 집중해 적극적인 질문하는 태도는 그들이 학습에 대한 진정성과 필요성을 느끼고 있다는 점과 청중으로서 보여줄 수 있는 품격을 드러냈다고 표현하면 어떨까 싶습니다. 한 가지 사례로 한 학생이 수행평가에서 최고 점수를 받았음에도 불구하고 추가로 심화된 프로젝트를 제출하여 선생님과 친구들의 찬사를 받는 모습은 또 다른 친구들에게도 큰 동기부여가 되었을 것이라고 믿습니다.


마지막으로, 친사회성과 인지적 능력을 겸비하고, 이를 실천할 자기주도학습능력을 가진 학생들이 많습니다. 외대부고 학생들은 집단지성의 창의성을 잘 실천하는 인재입니다.

다른 팀원들과 협력하며 공동의 목표를 위해 함께 노력하는 모습은 수행평가 프로젝트, 발표 준비, 동아리활동, 여러 스포츠활동까지 학교 내의 모든 분야에서 그 모습을 비춰내고, 자신의 학습을 스스로 계획하고 실행하며 문제 해결 능력을 발휘합니다. 이러한 학생들은 독립적이면서도 협력적인 태도로 미래의 리더로서 성장할 준비가 분명히 되다고 확신합니다.

이처럼 용인외대부고에 최고의 학생들은 학업 성취도뿐만 아니라 인품, 열정, 성실함, 그리고 자기주도학습능력을 두루 갖춘 모습으로 학교의 위상에 걸 맞는 모습을 보여주었고, 현재도 역시 진행형입니다. 이들은 자신의 꿈을 향해 끊임없이 도전하고 미래 한국을 이끌어 나아가며, 글로벌 리더로 성장할 것이 분명합니다!

꿈꿀 수 있다면, 그것을 해낼 수 있다.
*Si id somniare potes, id facere potes.*